AF602320

HISTOIRE VERITABLE DE LA GLORIEVSE MORT, QVE SIX NOBLES CHRESTIENS, IAPONOIS, ONT constamment enduré pour la Foy de IESVS-CHRIST.

Enuoyee par Monsieur Louys Cerquera Euesque du Iapon, auec vne autre semblable du P. François Paßio, là Viceprouincial de la Compagnie de IESVS.

Au R. P. Claude Aquauiua, General de la mesme Compagnie.

Nouuellement traduitte de l'Italien en François.

A ARRAS,
De l'Imprimerie de Guillaume de la Riuiere, à l'Enseigne DV BON PASTEVR.
M. D. C. VIII.

Auec Priuilege.

AVX CATHOLIQVES FRANÇOIS.

Deux braues Cheualiers, & trois grand's Amazonnes
Pour la Foy mis à mort, auec vn Noble Enfant,
Viuent heureux au Ciel, guerdonnez de courõnes
D'vn Laurier immortel, d'vn Laurier triũphant.
Sus donc Ieunes, & Vieux, sus donc Hommes & Femmes,
Vostre vie exposez pour la Foy vaillamment,
Le grãd zele imitans de ces Seigneurs & Dames,
Qui respandent leur sang pour elle constamment
A la bien soustenir monstrez vostre vaillance.
Et n'ayez onc le cœur des Tyrans abbatu,
Ainsi de vrais Martyrs aurez la recompence
Digne de vostre Gloire, & de vostre vertu.

HIS-

HISTOIRE VERITABLE DE LA GLORIEVSE MORT, QVE SIX NOBLES CHRESTIENS, IAPONOIS, ONT constamment enduré pour la Foy de IESVS-CHRIST.

Enuoyee par Monsieur Louys Cerquera Euesque du Iapon, auec vne autre semblable du P. François Pasio, lá Viceprouincial de la Compagnie de IESVS.

Au R. P. Claude Aquauiua, General de la mesme Compagnie.

Maintenant traduitte de l'Italien en François.

N vne autre mienne lettre i'ay fort amplement aduerty V. Paternité, de l'estat auquel presentement se trouue ceste Eglise du Iapon, & cõme parmy les plus grandes tempestes & orages de la persecution, la Religion Chrestienne, fauorisee des rayons de la celeste grace y fleurit plus que iamais. Par la presente *L'Eglise de Dieu*

maintenant ie donneray aux Fideles seruiteurs de Dieu vne partie seulemẽt du fruict que ceste vigne de nostre Seigneur produisit l'annee passee à sa plus grande gloire : chose qui sera (comme i'espere) d'autant plus agreable à tous, que cestedite Vigne est plus nouuelle, & plus esloignee des autres parties de la Chrestienté, comme aussi moins pourueüe de secours spirituels, dont les autres iouyssent heureusement par l'abondance des ouuriers, & par la tranquillité de la paix ordinaire. Et iaçoit qu'on satisface à la penurie des ouuriers (qui ne peuuent icy trauailler qu'en fort petit nombre) par l'ardeur à la besoigne, & que ceste vigne soit cultiuee par peu de gens auec autant de diligence, qu'on sçauroit desirer d'vne plus grande multitude. Si est-ce que tousjours il en demeure quelque partie inculte, tant à cause des guerres continuelles, qui ne permettent que l'Euangile s'estende en diuers lieux, comme par les persecutions, lesquelles bien souuent s'esleuent contre les Predicateurs, ausquels est necessaire (pour ne gaster tout) de quitter & interrompre la be-

fleurit au milieu des tribulations.

Ferueur des vignerõs spirituels.

Persecution des predicateurs.

la besoigne commencee auec grande ferueur, & poursuiuie auec vne extreme peine. Mais à toutes ces difficultez, soit de l'œuure, soit des ouuriers, la diuine bonté supplée par l'abondance de ses dons celestes, laquelle au beau milieu de ceste Gentilité si peuplee, & au plus fort des persecutions, communique à plusieurs tant de ferueur & de courage, qu'à peine s'en pourroit-il d'auantage attendre des personnes plus spirituelles, & aux endroits les mieux instruits, & endoctrinez de l Europe. Ce qu'on pourra cognoistre (sans en dire autre chose) du fruict que ceste Vigne, comme ie disois, a produict, qui est le Martyre, lequel pour la Foy de IESVS-CHRIST ont enduré d'vne constance vrayement Chrestienne, trois Gentils-hommes Iaponois, & trois Damoiselles Iaponoises au Royaume de Fingo, & aux quartiers de Cumamote, & Iateuscire, par le commandement du Roy Canziuge, Payen, & ennemy capital de nostre saincte Foy, le huictiesme & neufiesme iour du mois de Decembre dernier 1604. Deux de ces Martyrs, à sçauoir

Assistace de Dieu au besoing.

Cãzin-gé Ty-ran.

Minami Gorozaimon, surnommé Iean au Baptesme, & *Taquenda Gosioie*, appellé Simon, eurent la teste tranchee: les autres quatre, sçauoir est Ieãne, mere de Simon, & Agnes sa femme, Magdeleine femme de Iean, & Louys, petit garçon de sept à huit ans, nepueu de Magdeleine, & fils adopté d'elle, & de son mary, furent crucifiez. Cest acte est notoire à vn chacun, comme ayant esté fait publiquement, & à la veüe de tout le monde, ainsi que nous auons appris du rapport & deposition de Tesmoins sans reproche, qui dés le commencement iusques à la fin ont assisté à ceste Tragedie, plus digne de gloire que de compassion, lesquels ayans iuré sur le sainct Euangile, en ont rendu asseuré tesmoignage. Ou le tout passa comme vous entendrez maintenant.

Six Martyrs Iaponois.

Histoire bien averee

Cãzinge Roy de Fingo, ennemy iuré des Chrestiens.

Cati Figonocami Chiyomasa, autrement dict Canziuge (duquel nom nous nous seruirons cy apres au Discours de ceste histoire) est auiourd'huy possesseur paisible de tout le Royaume de Fingo (auquel dés le tẽps qu'Augustin, d'heureuse memoire, en tenoit la moitié, se conserue encore, graces à Dieu, vn bon nom-

nombre de Chrestiens) lequel pour la haine cruelle que (comme Payen obstiné aux fausses opinions de sa Secte peruerse) il a tousiours porté à la loy de Iesus-Christ, dés l'an 1601. qu'il s'empara de la couronne entierement, & n'a cessé de persecuter en barbare les Chrestiens. Car premierement il ne voulut en façon quelconque que Predicateur aucun du sainct Euangile demeurast en ses terres. Puis il fit entendre par l'entremise de ses Officiers, à tous les Gentils hommes Chrestiens, ses vassaux & subiets (lesquels tirans de grandes rentes & reuenus des possessions, & autres choses dependantes de la directe de son domaine, luy estoiét plus estroictement obligez, selon la coustume du Pays) que sans aucun delay ou contredict ils se signassent en vn papier, qui seruist d'Attestation authentique, comme ils renonçoyent à nostre saincte Foy, iurans & protestans de iamais plus n'en faire profession. Et ne voulut qu'en ce commandement la populace fust comprinse, ny les seruiteurs des Gentils-hommes susdicts, craignant peut estre que quelque soulceuement & emotion *Edict inique de ce Tyran contre la noblesse Chrestienne.*

populaire ne se fist par vn si grãd nombre de gens: ou croyant que le menu peuple suyuroit facilement l'exemple de la noblesse, & que les valets courroyent apres la fortune de leurs Maistres.

La plus part des Seigneurs Chrestiens, comme plantes encore tendres, & non gueres bien enracinees, quoy que fermes au commencement, ne pliassent aucunement au vouloir de Canziuge, neantmoins à la parfin ils se laisserent emporter au vent de la persecution, & retenans la Foy en leurs ames, temporiserent exterieurement, & obeirent contre leur volonté au cõmandement du Tyran. Plusieurs autres des principaux, mieux resolus, ne manquerent de respondre aux Ministres de Canziuge, qu'en toute autre chose iuste & raisonnable ils obeyroyent comme tres-fideles vassaux au moindre signe de leur Prince: mais que de quitter la foy qu'ils professoyent, ou en tesmoignage de ce soubscrire le papier cy dessus mentionné, ils ne le pouuoyent faire en bonne conscience, & qu'en cela ils ne vouloient ny pouuoyent

Chrestiens plus cõstãs.

ent obeyr à autre qu'à Dieu, leur souuerain, ores qu'ils deussent perdre non seulement les biẽs temporels, mais encor la propre vie.

Magis obed. Deo. Act. 5. 29.

Canziuge entendant ceste resolution, orgueilleux qu'il est de sa nature, commanda sur le champ qu'on fist vn massacre general des Chrestiens. Et cet impie desir eust esté incontinent mis en execution, si la crainte d'infamie n'eust estanché la soif ardãte qu'il auoit d'espandre le sang humain: cruauté qui l'eust diffamé par tout le Iapon, & particulierement en sa Cour mesme, ou plusieurs Chrestiens estoyent fort respectez d'vn chacun, tant pour la noblesse de leurs illustres maisons, que pour la valeur de leurs armes, dont ils ont faict souuentesfois bonne preuue. Il determina donc de les faire mourir, non par le fer, mais bien par malaise, & ennuis, cuidant d'euiter ainsi vers les Gẽtils l'odieuse reputatiõ d'estre cruel, & barbare, dégorgeãt la rage qui ardoit en sa poictrine cõtre les Chrestiẽs, lesquels cinq ou six mois durant il affligea de telle sorte, qu'il monstra bien de les vouloir exterminer par la lãgueur d'vne

Canziuge Tyran rogue.

Craint d'estre estimé cruel.

Côme vn autre Mezētius. Lõga ſic morte necabat. 8. *An.*

mort lente, d'autant plus inhumaine, qu'elle eſtoit ſans pitié. Il confiſqua toutes leurs maiſons, heritages & reuenus, & les fit ſortir hors des maiſons qu'ils auoient n'agueres baſties à grans frais, les contraignans de demeurer miſerablement dans des petites cahuettes de paille, faictes de leur main, comme logettes & cabannes pour ſe defendre au moins mal qu'ils pouuoyent de l'iniure du temps: & s'y retirer auec leurs femmes & familles, non ſans telle incommodité & malaiſe qu'on peut imaginer. Il leur defendit ſur peine de la vie de ſortir hors du Roïaume. Les contraignit à rẽdre tout ce qu'ils auoyẽt tiré de leurs gages, & reuenus les annees precedentes iuſques alors. Il fit inhibition ſoubs de tres-griefues peines, que perſonne n'euſt à les receuoir en leurs maiſons pour y habiter, ny à leur vendre aucune prouiſion pour ſuſtenter leur vie, & que nul n'achetaſt aucuns mœubles d'eux: bref qu'on ne traictaſt ou traffiquaſt auec eux, ains qu'vn chacun les fuit comme beſtes ſauuages: croyant que par tels moyens ils ſeroyent bien toſt perdus, & ruynez du tout,

Aqua & igni interdicti.

ou ſe

ou ſe rendroyent, & rangeroyent à ſon vouloir deteſtable.

Mais ces belliqueux Champions de Ieſus-Chriſt d'vn inuincible courage, ſe reſolurent de ſouffrir pluſtoſt toute ſorte de miſere pour l'amour de leur Sauueur. Ils quitterent leurs armes, & ſeruiteurs, ne voulant que l'armeure de patience pour ſe defendre, iaçoit que Canziuge les deuſt faire mourir inhumainement. Ils ſe viſitoyent les vns les autres auec fort grande charité ſe conſoloyent mutuellement au milieu de ſi faſcheuſes borraſques. Ils employoient beaucoup de temps à l'oraiſon, & aux Colloques ſpirituels, traictans touſjours enſemble de la preparation au Martyre. Et demeurerent tout ce mois là attendans d'heure en heure, auec vne admirable tranquillité & ioye d'eſprit, la ſentence finale de mort, deſirans bien fort de ſacrifier leur vie pour ſeruir de teſmoignage aux viuans de la verité de noſtre ſaincte Foy, & d'exemple à la poſterité, de la fidelité qu'on doit à noſtre Dieu. L'on voyoit luire clairement en la face d'vn chacun, tant des hommes que des femmes, comme auſſi des

Armes ſpirituelles de patiẽce.

Les Chreſtiens

desir et d'estre martirisez.

des ieunes enfans, l'extreme affection qu'ils auoyent de souffrir le Martyre: tellement que Canziuge ou vaincu de leur patience, ou lassé de les vexer & persecuter si horriblement, leur donna Saufconduit pour sortir librement de son Royaume auec leurs femmes, enfans & familles: Et de faict ils en sortirent auec aussi grand ressentiment de n'auoir peu respandre leur sang pour Iesus-Christ en vne si bonne occasion, que de consolation pour se voir bannis de leurs propres maisons, logeās comme pelerins estrangers en celles d'autruy, priuez de tout ce qu'ils auoient au monde pour l'amour du mesme Iesus-Christ. Sortis qu'ils furent de Fingo, ils s'en allerent en diuers endroits mendians leur pauure vie, plusieurs desquels trouuerent d'assez commodes partis, & honorables conditions, aupres de diuers Seigneurs: Ou arriuans comme nouueaux Predicateurs Euangeliques, plus de faict que de parole, preschoyent efficacement la verité Chrestienne aux Gentils, non seulement de ce Royaume, voire aussi de tout le Iapon, par l'estenduë duquel le bruit

Exil des Chrestiens.

Les bānnis pres-

bruit de cet accident fut en fort peu de temps semé. Or tout ce que dessus est aduenu en Cumamote, ou Canziuge reside auec toute sa Cour, ensemble la fleur de la noblesse & la cauallerie de ce Royaume.

chêt la verité du Christianisme par exẽple.

En Iateuscire, lieu proche de là, habitoyent aussi quelques nobles Soldats Chrestiens, iadis vassaux d'Augustin, & maintenant de Canziuge, auec les mesmes gages & pensiõs qu'ils auoient auparauant. Et afin que ceux-cy de mesme quittassent le Christianisme, Canziuge commanda à trois de ses officiers Gentils qui gouuernoyent ce quartier là, qu'ils executassent à Iateuscire, tout ce qu'il auoit ordonné à Cumamote. Eux doncques ayans faict incontinent assembler tous ces nobles gens de guerre, & leur ayant exposé l'Ordonnance du Roy, les exhorterent de luy obeyr. Et pource qu'vn fort grãd nombre de Chrestiẽs commençoient à resister & contredire, les Gouuerneurs tascherent de faciliter ceste affaire, remõstrant que c'estoit assez de s'accommoder au cours du temps en l'apparence exterieure, se soubsignants au pa-

 pier

Officiers téporiseurs.

pier susdit, & qu'au reste ils pourroient viure Chrestiennement à leur façon ordinaire, sans que les Ministres de Caniuge les recherchassent, ny donnassent aucun empeschement Plusieurs n'estans point contens d'vne telle offre, demāderent delay pour y penser, & se resoudre de ce qu'ils auroient à faire en vn cas si tres-important. Les Gouuerneurs alors respondirent que resolument personne ne sortiroit de la sale du Conseil, qu'au prealable, elle ne se fust soubsignee.

Lasche té d'aucuns.

Finablement, parce que d'vne part la frayeur de la mort auec la ruine totale de leurs maisons, femmes & enfans les espouuantoit, & qu'ils estoient encore comme vn edifice fraischement fondé, il ne fut pas merueille que quelques-vns fussent abbatus & renuersez par terre des vents & rauines des eaux si tempestueuses qu'estoient celles-cy. De sorte que ne cognoissans point l'enormité d'vne telle faute, ils subscriuirent presque tous excepté Simon, ieune homme de bon esprit, & noble, qui dix ans auparauant auoit receu le sainct Baptesme, ensemble, tant de lumiere du Ciel,

Constance admirable de Simon.

Ciel, & si grande cognoissance des choses diuines, qu'il fut tousiours vn miroir tres-resplendissant de toute vertu & deuotion en tous les lieux où il demeura. C'est luy qui dit hardiment, & d'vn visage ouuert, qu'il ne vouloit ny pouuoit soubscrire ny faire, non pas mesme dissimuler contre sa conscience. Et parla auec tant de liberté de courage, que les autres Chrestiens presents furent tout esmerueillez de sa constance, & honteux de leur propre couardise & pusillanimité. Plusieurs tandis ne manquerent de luy donner de fortes attaques, pour le faire tresbucher au crime d'Infidelité, auquel eux mesmes estoient par trop laschement tombez. Cacuzaimon premier des Gouuerneurs, qui plus que tous deuoit faire executer les commandemens du Roy son Maistre, amy tres-affectionné de Simon, & sur tout desireux de le deliurer du peril, qui estoit proche, commença de le solliciter auec tres-grande instance, à ce qu'il souscriuist, ou pour le moins qu'il fit semblant de n'estre plus Chrestien. Ce que n'ayant peu obtenir, selon qu'il desiroit, Simon ne faisant

Compassiō inique

faisant aucun signe de luy vouloir condescendre en cela, le Payen dissimula, procurant qu'vne autre souscriuist en sa place. Dequoy Simon estant aduerty; s'en alla droict audit Gouuerneur, luy protestant qu'il ne deuoit, ny pouuoit consentir à vne telle fausseté, & qu'il s'en plaindroit à Canziuge, & partant qu'il le supplioit de ne se messer point d'vn affaire duquel il ne pouuoit tirer ny profit ny louange. Le Gouuerneur luy donna fort amiablement congé, disant d'vne face vn peu troublee d'affection, qu'il ne deuoit venir où il n'estoit point appellé, ne donner la loy à ceux desquels il la deuoit prendre. Et à peine l'auoit-il congedié, qu'il se mit en chemin pour Cumamote, afin de presenter à Canziuge les Signets de tous les Christiens, & entre autres le contrefaict au nom de Simon, duquel par tel moyen le Roy auroit opinion qu'il s'accommoderoit au temps, & facilement tourneroit le dos auec les autres à la Religiõ Chrestiẽne. Dequoy le bõ Simõ eut vn tel creuecœur, qu'on ne le sçauroit dire; Et sentit vn tresgrãd scrupule,

Simon ne veut dissimuler ny que pour luy on dissimule. Sic Eleazarus 2. Machab. 6. 21. 24.

ſcrupule, & remords en ſon ame, de n'auoir pourchaſſé par toutes voyes, que la verité du faict vint aux oreilles du Prince, comme il ne s'eſtoit aucunement ſousſigné, & quil ne renieroit iamais la Foy, quelque danger de mort, qui ſe peut preſēter à luy. Et n'eut oncques repos d'eſprit pour raiſon qu'on luy apportaſt, iuſques à tant, qu'il s'en alla droit en Arima, vers l'Eueſque, pour luy demander conſeil de ce qu'il eſtoit obligé de faire en tel cas, diſant qu'il ordonnaſt hardiment tout ce qu'il trouueroit bon, & il luy obeiroit, quoy qu'au peril de ſa vie. Il s'en retourna finalement en ſa maiſon, auec la reſponſe conuenable, reſolu de ſacrifier en toute ſemblable occaſion ſa propre vie à noſtre Seigneur, & dés ceſte heure là luy fut communiqué du Ciel vn treſ ardant deſir d'endurer le Martyre. Cecy paſſa à Iateuſcire entre les Gentils-hommes, & Soldats, qui ſe tenoyent en garniſon dās la forttereſſe ſituee hors de l'enceinte de la ville.

Prudence, & obeiſſance vrayement Chreſtiēne.

Le reſte des Chreſtiens, c'eſt à dire la Populace, demeurant dedans la ville, comme

Le peuple moins subiect que la Noblesse.

comme sont les Marchands, Artisants, & autres manouuriers, quoy que non comprins en l'Edict Royal (cõme auõs dict cy dessus) si furent ils pourtãt quelque peu agitez en ceste Tempeste : Et pource qu'ils ne reçoiuent point de salaire, ou reuenu du Seigneur, comme les autres, ains viuent seulemẽt de leur traffique, & mestier, ils sont moins subiects, & peuuent viure plus librement par toutes les cõtrees dedans & dehors le Royaume, ce qui n'est pas loysible aux Gentils-hommes & Soldatz gagez, & salariez du Roy. Or les Gouuerneurs pour se monstrer encor plus zelez à faire garder de poinct en poinct les Ordõnances Royaux, voulurẽt aussi cõtraindre le peuple à soubscrire, & renoncer la Foy. Et iaçoit qu'vn petit nõbre des plus fragiles, se laissast gagner, si est-ce que la plus grand' partie s'opposa auec telle magnanimité, que les Gouuerneurs se repẽtans de telle entreprise & craignans, qu'on ne se souslеuast, (comme on en voyoit deja des signes) & qu'on ne sortist hors du Royaume auec perte notable des Finances du Roy, mesme qu'ils auoyent outrepassé les bornes

Temerité des Offsiciers.

Constance du peuple.

bornes de son Commandement, qui ne comprenoit point le menu Peuple, ils employerent toute leur industrie pour appaiser les esprits deja fort esme² & pour esteindre la flamme, qui s'augmẽtoit de plus en plus, dissimulãs auec les vns, & auec les autres, mõstrans par fausses Lettres d'auoir obtenu tout ce qu'on pouuoit souhaitter à leur contentement, & firent si bien, que ce tumulte ne passa pas outre, dont par la grace de Dieu, vne bõne partie de ces gens mechaniques demeura constante en la Foy. De telles Signatures, (partie contrefaictes au Nom des plus cõstants Fideles, partie faictes à la Verité, des pl⁹ lasches, & timides) & du bannissement de ceux, qui s'estoyent monstrez mieux resolus, Canzinge se cõtenta, & la persecution fut assoupie & arrestee pour quelque temps. Ce que ne fust pas si tost aduenu, que les Apostats commencerẽt à sentir vn grief remords de conscience pour la faute commise, bien que par force & contrainte, pour cõdescendre à la seule volõté du Tyran. Parquoy ils tascherent tout aussi-tost de chercher remede au mal, demandans pardon,

Emotion populaire.

Repentance des Apostats

don, & procurans de se recōcilier auec l'Eglise. Ce que leur fut benignement octroyé apres le temps, qui sembloit estre requis, & conuenable, les diligences necessaires sur cela faictes, & iceux s'estans ja deportés en bons, & vrays Chrestiens. Ils vindrent donc de Vto, de Iateuscire & de Cumamote (trois principaux Forts de ce Royaume) aux lieux qui leur furent assignés pour y estre reconciliez, faisant publiquemēt auec grande humilité, & edification, les Penitences à eux imposees, & promettant par Serment solemnel de vouloir demeurer fermes en la Foy, & de iamais plus ne cōmettre vne si lourde faute, quand semblable occasion se presenteroit: Ainsi plusieurs d'entre eux, Nobles, & roturiers, se recogneurēt nō sans larmes, cōtris, cōfessez, & absoults sacramentalement.

Remis au giron de l'Eglise

Et en particulier les Citoyens de Iateuscire, reçeus qu'ils furent à Penitence, donnerent tres-bonne edification, aidez sur toute de la ferueur de trois forts deuots personnages, qu'en leur langue ils appellent *Iphiaques*, qui veut autant à dire *qu'Officiers de la Misericorde*,

Officiers de la miseri- corde.

de, deputez selon la Coustume Chrestienne de tous ces quartiers là pour le secours, & assistãce des Fideles, en leurs affaires spirituels qui suruiennent de iour en iour. L'on ne sçauroit facilemẽt expliquer, combien grande est l'abondance des graces, que Dieu a communiquees à ces trois siens bons Seruiteurs pour le profit spirituel de ce Peuple, qui en a esté merueilleusemen secouru, tant pour se conseruer, que pour s'aduancer tousiours d'auantage en la foy, Vertu, & pieté. L'vn s'appeloit, *Vatanable Tirozimon Ioachim*; lautre *Futori Tingoro Iean*; le troisiesme, *Miċtuïxi, Ficdiemon, Michel*.

Ioachin, Iean, & Michel, noms de Baptesme.

Ces Chrestiẽs de Iateuscire, tãt Soldats qu'autres marchoiẽt heureusement en l'esprit de deuotiõ, iaçoit q̃ tous ne fussét pas encor recõciliez à l'Eglise, si que les affaires sembloient estre au calme d'vne bonne paix, quãd voicy venir vn orage, qui soudain leué troubla tout le commun repos, haussant presques iusques au Ciel les ondes de ceste furieuse persecutiõ, à la maniere qui s'ẽsuit.

Canziuge partit en Octobre dernier de l'an 1603. de Cumamote, où la Cour

se tient

ſe tiẽt pour viſiter les autres fortes places de ſon Eſtat : & s'en vint à Iateuſcrire, Ville fort peuplee, marchande, & riche en traffiques, fort celebre & renõmee en ces quartiers pour le grãd commerce, qu'elle a auec tous ces pays de Leuant, qui s'appellent icy *Saicocu*. Il viſita la Citadelle, & voyant les fortifications, que les Gentils-hõmes y auoiẽt faictes par ſõ cõmandemẽt, luy pleurẽt beaucoup, dont il les loüa, & les en recompenſa quant & quant : s'eſtant apres retiré en vne des Sales de ſon Palais royal il dict à pluſieurs qui eſtoient là preſens, ce qui ſenſuit.

Moy ayãt defendu ces annees paſſees à mes Subiects l'exercice de la religion Chreſtiẽne, les Gentils-hõmes de Iateuſcrire, & de tout ſon reſſort, me baillerẽt leurs promeſſes biẽs ſignees auec le Serment preſté de s'en departir incontinent : i'entens neantmoins par les Informations qui m'en ont eſté donnees, qu'ils ont de nouueau reprins leur loy Chreſtienne : Que s'il eſt vray, comme on dit, tel acte merite d'eſtre puni griefuement.

Et pour ce que Cacuzaimon, l'vn des Gou-

Gouuerneurs de Iateuscrire, & Surintendant des fortifications, se douta que la faute ne tõbat sur luy cõme n'ayant point eu soing de faire garder les ordõnãces du Roy, tascha de couurir le tout de la meilleure grace qu'il peut, destournant ailleurs le propos. Le mesme fit vn Medecin Payen, appellé *Conre*, qui se treuua present en la sale, tandis qu'on parloit de ceste affaire (& parauanture estoit il amy de Cacuzaimon) asseurant d'auoir ouy dire, que la Loy des Chrestiens estoit si rigoureuse, qu'elle ne receuoit plus au Christianisme ceux qui l'auroient vne fois renoncé. De quoy il cócluoit ne pouuoir estre veritable, que les gẽs de Iateuscrire l'eussent de rechef embrassé. I'en pẽse aussi de mesme, respõdit Cãziuge, mais pour ce qu'il ne me sẽble vraisẽblable, que ce qu'õ m'a dõné par escrit, cõtiène fausseté, ie ferai icy venir vn Bonze Focchescian, & toy Cacuzaimõ appelleras tous les Gentilshõmes Soldats (qu'on nomme en Iaponois *Samburay*) & feras qu'en signe de se rendre Focchesciens, ils mettent sur leur teste le Foqueque, & d'vn tel acte on cognoistra facilement, qui est Chrestien,

Bonze I. quetius.

ſtien, & qui ne l'eſt pas. Que ſi aucũ cõtredict & repugne à ceſtuy noſtre Cõmandemẽt nous le ferons mourir ſans autre forme de procés.

Liure Foque que. Ce Foqueque eſt vn Liure auquel eſt contenue la doctrine de ceſte maudite Secte Foqueſcius, laquelle eſt profeſſee, cherie, & priſee, plus que toute autre du monde par Canziuge Or eſt il, que mettre ce deteſtable Liure ſur la teſte eſt la ceremonie, & vraye marque de la ſuiure, & certain ſignal d'ẽ faire profeſſiõ. Le Gouuerneur promit de ſe le mettre le beau premier, affin qu'à ſõ exẽple tous les autres fiſſent de meſme, puiſque c'eſtoit l'ordonnance de ſon Roy.

Canziuge ayant en peu de iours viſité deux places de ſon Royaume nommees *Tinanghi*, & *Minamatta*, limitrofes de celuy de Sathuma, & s'en eſtant retourné en Cumamotte, Il enuoya cõme il auoit promis vn Bonze, principal des Foccheſciens, lequel luy ſert de Rabin, & de Miniſtre de ſa mauditte ſecte, *Arriuée du Bõze.* nommé *Fommeoſci*, lequel arriua à Iateuſcire le 21. de la 10. Lune, à leur compte, & au noſtre le 23. de Nouembre, deux iours apres les Gouuerneurs eſcriuirent

uirent à tous les ſuſdicts gẽs de guerre, que le ſoir ſuiuant le Bonze commenceroit à preſcher, & que tous y euſſent à venir pour l'entendre. Il ſembla à quelques vns d'entre eux, qu'il n'importoit gueres de l'ouyr par maniere dacquit, & pour monſtrer ſeulement le reſpect, qu'on portoit à Canziuge, mais que poſer le ſuſdict Liure ſur la teſt, il ne le falloit faire aucunemẽt, eſtant vn ſigne certain de renier la Foy, pour embraſſer la Secte du Foccheſcius. Ils aſſiſterent donc à ſes premieres Preſches, où l'on ne ſonna mot de ce qu'on pretendoit faire. Le lendemain 27. de Nouembre, les Gouuerneurs firent crier à ſon de trompe, que tous les ſoldats Chreſtiẽs, la nuict ſuiuante s'en allaſſent au logis du Bonze, pour accomplir le commandement de Canziuge. Ce qui fut cauſe d'vn grand trouble, & diuiſion entre les meſmes Soldats, car les plus laſches & puſillanimes, ſe rendirent incontinent; les autres tindrent bon quelques iours, mais en fin ſe tranſporterent ſecretemẽt chez le Bonze, obeiſſans pluſtoſt au Tyrã que non pas à Dieu. Choſe qui ne doit ſembler eſtrange, & nouuelle

Ses preſches.

l'Apoſtaſie de quelques vns ne doit

sembler estrãge. uelle à celuy, qui considere ce que iadis aduint en l'Eglise primitiue au temps de semblables persecutions. Si ces pauures gens estans encor bien foibles en la Foy, priuez de la presẽce, & du cõseil de leurs Peres spirituels (ia bãnis du Iapon) & n'ayans que bien peu de lumiere des choses diuines, ont manqué à la cõfession de la sainct Foy, comme vne petite nasselle sans nocher, parmy tant de tenebres d'ignorance d'vn costé, & de l'autre au millieu des ondes furieuses d'vne si horrible tempeste qui les menaçoit & de mort, & de totale ruine.

En la primitiue Eglise. Au premier tẽps de l'Eglise, que le precieux sang du Sauueur freschemẽt respandu bouillonnoit encore, quand les exemples admirables, les Miracles merueilleux, & la Vertu singuliere des gens Apostoliques, & des autres Saincts Martyrs n'estoient pas seulement recens en la memoire, mais viuement representez aux yeux des Fideles en la publication des Edits Tyranniques cõtre ceux qui auoyent embrassé l'Euangile auec vn extreme desir d'endurer vn cruel Martyre, tous espouuantez des tourmens sacrifioient aux Idoles, de-

quoy

quoy S. Cyprian entre autres, ſe lamente fort en ſes Eſcrits.

Mais reprenant le fil de noſtre Narration; Quattorze de ceux cy s'aſſemblerent, & ayant conſulté entre eux, en la maiſon de *Minami Goroſaimon*, ſur nōmé Iean, fort marris de la faute qu'ils auoyent cōmiſe, ſe reſolurent courageuſement de ne point cōſentir, ny mettre en aucune ſorte ce Liure là ſur leurs teſtes, deuſſent ils perdre, & leurs biēs, & leurs vies; Et auec ceſte ferme reſolutiō n'allerēt point ce ſoir là en la maiſon du Bnoze. Les principaux de ces quatorze qui ſe monſtrerent touſiours plus conſtans, furent Taquenda Goſioie, Simon, & apres luy Minami, Goroſaimō, Iean.

Quatorze plus conſtans.

Les Gouuerneurs pretendirent ſemblablement, que tous les Chreſtiens de baſſe condition, ſe fiſſent Focchеſciens, combien que le Roy ne les eut cōprins, comme dit eſt, en ſon Ordonnance. Mais entre le peuple il ſe treuua ſi grande contradiction, & reſiſtence, que leſdits Gouuerneurs iugerent eſtre plus aſſeuré de diſſimuler, que de paſſer outre pour lors, craignans de n'auoir bonne iſſue de telle entrepriſe, ou meſme

Conſtance du peuple.

de desplaire à Canziuge, si tout ce grand monde abandonnoit la ville. Ceux qui en tous ces accidents se monstrerent plus magnanimes, furent les trois Issiaques, Ioachim, Iean, & Michel, lesquels apres auoir consulté auec quelques Chrestiens, les plus venerables de la troupe, conclurent d'vn commun accord, qu'ils ne deuoient aucunement toucher ledict Liure, ny mesme par maniere d'acquit ouyr le Bonze, comme quelques vns auoient des-ja faict, par ce que les Gendarmes, disoient-ils, allans à la presche dudict Bonze, peuuent resister, si quelqu'vn leur veut mettre par force le Foccheche sur la teste. Mais nous qui sommes de la simple populace, & sans armes, pouuons facilement estre contrains par des plus forts que nous. Parquoy le meilleur sera de ne nous ietter en vn danger si euident, quoy qu'il en aduienne. Telle deliberation faicte, les trois Issiaques s'en allerent tout de ce pas, qui çà qui là, de maison en maisõ, par toute ceste cõtrée, pour signifier aux autres chrestiẽs ce qu'ils auoyent vnanimement arresté demandant là dessus à chacun ce qui luy

Ioachim, Ieã & Michel magnanimes entre tous.

Diligence des trois Issiaques.

luy en sembloit. Tous furent de mesme aduis, & volonté, protestans de la mettre auec eux en executiõ: si que soudain ils se congregent en la maison de Ioachim pour y faire l'oraison de quarante heures, & prier nostre Seigneur qu'il leur tint main forte, & donnast à tous la constance de perseuerer en ce sainct propos iusques à la fin de leur vie.

Oraisõ de quarante heures.

Mais comme l'entrée & sortie des Chrestiẽs de la maison dudict Ioachim pour y prier Dieu, donnoit soupçon de quelque remuement & murmuration entre le peuple, & d'autãt plus que l'oraison se faisoit au cartier nommé *Fommanchi*, le plus celebre, & peuplé des trois, ausquels comme en autant de Villages separez l'vn de l'autre, la Ville de Iateuscire est diuisee; au milieu desquels est la Citadelle, où les soldats se tiennent en garnison. Les Gouuerneurs firent soudainemẽt appeller Minonda, Tabioie Fabien de profession Chrestien, & *Beto*, c'est à dire Officier principal, & cõme chef de la populace audict cartier, & luy demanderent l'occasion d'vn tel trouble, & esmeute; il respondit que luy & les autres habitãs

Tumulte populaire pour la religion.

de cest endroit là, estoient pour la plus part Chrestiens, lesquels ayans ouy dire que le Bõze Fõmeosci estoit ia venu de Cumamote pour prescher, & faire mettre sur leurs testes le liure Foccheche en estoient tous scandalisez, & espouuantez. Lors vn des Gouuerneurs replique, Si le Roy le veut, & le commande ainsi, pourquoy ne le ferez vous pas? Fabian repartit qu'il ne s'enqueroit point, si c'estoit l'Ordonnance du Roy, ou non, mais qu'il sçauoit bien que les Chrestiens ne luy obeïroient iamais en cela. Car iaçoit que quelques vns l'eussent desia faict, se soubsignans, ç'auoit esté malgré eux, & seulemẽt pour complaire au Prince, dequoy ils se repentoient grandement, resolus de mourir plustost que de commettre derechef vn crime si enorme, aymans trop mieux perdre la vie, que de changer leur religion. Le Gouuerneur demanda lors, combien ils estoient en nõbre; Fabien dict, que ceux de *Fommanchi* arriuoyent à huict cents, & y adioustant ceux des autres deux cartiers de *Cuconofuchi*, & de *Nacasima*, ils faisoient plus de mille. Dequoy le Gouuerneur fut bien estõné, & per-

perplex en son esprit, car il ne croyoit pas, qu'ils fussent tant sclō qu'on luy auoit rapporté. Fabiā interrogé du moyē pour apaiser ce peuple, dict n'y en auoit point d'autre que de ne luy plus parler de Bonze, ny du Foccheche. Les Gouuerneurs voyans ces Chrestiens ainsi resolus ne sonnerent plus mot de cela. *Moyen de l'appaiser.*

Reuenant maintenant aux quatorze *Sambaray*, ou nobles soldats, qui coniurerent ensemble, & s'associerent vnanimemēt auec ferme resolution de plustost mourir mille fois, que d'admettre vne seule le *Foccheche* sur leurs testes: combien que le iour suyuant par l'importunité des meschans & desloiaux amis, deux d'iceux se desdirent, & quitterent leurs Cōpagnons, les douze perseuerans en leurs bons propos auec beaucoup de constance, & feirent entendre aux Gouuerneurs par lettres expresses, signées de leur main, que quant aux fortifications, & tout le reste concernant le seruice de leur Prince, ils n'auoient iusques alors manqué, & ne manqueroient iamais à l'aduenir, mais que touchant le poinct du salut de leurs ames, il ne failloit penser, qu'ils *Quatorze Gentils-hommes associez.* *Belle resolution des douze.*

 cedassent

cedassent en façon quelconque, arrestants d'endurer plustost toute sorte de martyre, que de faire bãqueroute à leur Foy. Cacuzaimon voyant telle resolution, feit tout son possible de la rompre, & les en diuertir, à fin de ne point veoir vn si grand carnage de tant de nobles personnes, & particulierement pour l'amour qu'il portoit à Simon, son treſcher amy, lequel il sollicita plus instamment, qu'il n'auoit encore faict, se contentant de la moindre demõstration qu'il feroit en signe d'obeïr au Roy Canziuge, iusques à dire qu'vne de ces trois choses luy suffiroit. La premiere, que Simon au moins permit, qu'en sa place vn autre mist le Liure sur sa teste : La seconde, que s'il aymoit mieux, le Bõze iroit sans le sceu de persõne de nuict en la maisõ d'vn des Gouuerneurs, ou bien en la sienne, où l'on feroit secrettement telle ceremonie. La troisiesme qu'il allast pour le moins visiter le Bonze, luy apportant (selon la coustume du Iapon) quelque petit present, sans luy parler d'autre chose touchant le changement de religion.

Trois poinct proposez à Simon pour euader

Et cõbien que ceste derniere condition

tion ſemblaſt eſtre licite à quelqnes vns des douze, ſi eſt ce que Simon & Ieã demeurerẽt fermes, diſãts que toute ſorte de demõſtration, faicte en ſigne d'obeïr à ce cõmandemẽt, eſtoit illicite, & ne ſe pouuoit faire en bõne cõſcience, & particulierement Simon dict en pleine aſſemblée: Si vos Seigneuries veulent accepter vne de ces conditions propoſées, qu'elles le facent; quant à moy, ie n'en accepteray pas vne: car ie ſçay qu'on ne le peut faire ſans offence. Auſſi n'en fit il rien: quoy que le lendemain de bon matin Cacuzaimon par homme expres, luy en donna auec grande inſtance vne nouuelle recharge.

Simon & Ieã entre tous fermes

Mais voyant, qu'il perdoit ſa peine, & que tous ſes efforts eſtoient vains, penſa que la cauſe, pourquoy ils eſtoiẽt ſi fermes en leur deliberation, venoit de ce qu'ils demeuroient preſque touſiours enſemble, & ainſi vnis conſultoient de tout ce qui ſuruenoit en ceſte affaire. Partant il leur ordonna, qu'ils n'euſſent à ſortir de leurs maiſons, poſant des gardes autour de chaſcune d'icelles. Apres il enuoya quelques vns

On les ſepare cuidãt les diuiſer.

d'eux comme en ſequeſtre en celles des Gẽtils, où leurs parens, & amis Payés, & quelques vns des Chreſtiẽs reniez leur faiſoient continuelle guerre, & ſi furieuſe, que peu à peu ils commencerent à perdre & l'eſprit & le courage, iuſques au point de ſe rendre, & conformer à tout ce que le Gouuerneur voudroit, condeſcendans premierement (comme d'ordinaire il aduient) à ce qui ſembloit plus leger & moins coulpable, qui iugeans eux-meſmes d'eſtre ſuccombez, ils ſe rendirent comme vaincus, entre les mains dudict Gouuerneur, horſmis Iean, & Simon auſquels non ſeulemẽt les Gentils, voire auſſi les faux Chreſtiẽs qui deuant ſe monſtroient ſi conſtans, à tous propos les aſſailloyent, ores par prieres, & flatteries, ores par menaces & terreurs, employans tous les artifices de raiſon apparentes (mais fauſſes) & de beaux ſemblans affectueux, (mais plein de tromperie) ſoubs le voile, & tiltre d'amitié. Ils furent donc battus non pas abbatus par telles allarmes & aſſaux, & demeurerent touſiours immobiles, comme Rochers inexpugnables, iuſques à reſpandre leur ſang pour main-

Simõ & Ieã aſſallis

maintenir la querelle de Iesus-Christ, ainsi que presentement nous dirons.

Et commenceans à Iean, qui fut le premier executé. Il estoit si ferme, & stable en sa resolution, que sçachãt que pendant ces menées quelques vns venoient de la part du Gouuerneur pour luy persuader de renoncer à la Religion Chrestienne deuant qu'ils ouurissent la bouche il les preuenoit, disant, Ie vois bien, Messieurs, pourquoy vous venez icy: mais croyez, qu'encore que vingt iours durant vous me deussiez arracher toutes les ongles des mains, & des pieds, & tailler tous mes membres l'vn apres l'autre en menuës pieces, ie ne quitteray pourtant iamais la Loy Chrestienne. Et luy semblant fort probable, que ceste mesme nuict on le viendroit prendre pour le faire mourir, il l'enuoia dire à Iean Issiaque, que de grace il le vint treuuer pour ce soir là, apportant quelque liure de la Passion de nostre Sauueur, où en particulier fut traicté de son emprisonnement. Iean ne fit faute d'y aller accompaigné de deux autres Issiaques, Ioachim, & Michel. Et apres qu'on eut leu dans le Liure,

Iean premier Martyr.

Iean Issiaque, luy apporte vn liure de la Passion.

autant qu'il sembloit necessaire à Iean, il leur donna congé, auec signe de tres-grande affection, leur disant l'Adieu final de ceste vie, parce qu'il estoit à la veille de sa mort; Paroles, qui tirerent vn torrent de larmes des yeux de quelques autres personnes hõnorables, qui l'estoient aussi venu visiter, & qui auoient encor assisté à la lecture du Liure spirituel, duquel derechef vne bonne partie ayant esté leüe, les trois Issiaques auec tous les autres se retirerẽt en leurs maisons.

Cacuzaimon voiant qu'il n'aduãçoit rien, partit pour Cumamote, esloigné de Iateuscire vne petite iournée, affin d'aduertir Canziuge de tout ce qui passoit. Cependant on vsa d'vne extreme violence contre Iean, car vne troupe de gens appostés (cõme l'on croit par Cacuzaimon) le vint prẽdre en sa maison, & le traina par force, comme vn corps mort, en celle du Bonze, pour là luy faire mettre sur la teste le Liure Focqueque. Ce que voyant la bonne Magdeleine femme de Iean, luy dict, qu'il auisast bien à ce qu'il feroit, car s'il consentoit en rien, elle s'ẽbarqueroit pour iamais

Violẽce faicte à Iean.

plus

plus ne le voir, ny recognoistre pour son mary. A la porte de la maison du Bonze, se treuua l'vn des deux Gouuerneurs appellé *Iasuda Iesuque*, auquel Iean dit, que plustost il se feroit mettre de la fiente sur la teste, que le Foccheche. Finalement trainé qu'il fut par cõtrainte, le Bonze se leua de sa place, le Liure en main, pour le luy mettre sur la teste, mais Iean cracha par deux fois contre luy, & voulant parler de l'indignation d'vn tel acte, & faire professiõ de sa Foy ceux qui le tenoiẽt par les bras, le chasserent soudainement hors la maison.

Trainé chez le Bonze.

Crache sur le Foque que.

Or combien que Iean eut donné des signes tres-euidents de n'auoir point consenti à telles ceremonies payennes, & qu'il fut notoire par tout Iateuscire, qu'il auoit craché deux fois par mespris sur le Foccheche: si est-ce qu'il le trouua en grand peine, luy estant aduis que quelques vns croiroyent qu'il eut failly comme ces dix autres compaignons, & pẽsant comme il remedieroit à ce mal, & quel moyen il tiendroit pour effacer vne si vilaine tasche de sa reputation laquelle interessoit aussi l'honneur de Dieu, voicy venir vn Gẽtil, principal ser-

Tousiours constant.

Seruiteur de Cacuzaimon, nommé *Iericana Giosioie*, asseurant d'auoir ouy dire, comme il s'estoit mis le Foqucque sur la teste, & qu'il desiroit sçauoir, s'il l'auoit fait de bon cœur affin d'en donner aduis à son Maistre, selon la charge que il en auoit. De laquelle demãde Iean reçeut vne extraordinaire consolation, disãt presque rauy; A ceste heure ie vois qu'vn bon Ange m'est venu treuuer: vo⁹ m'estes enuoié de Dieu. Car i'estois fort perplex & pensif, si ie deuois aller moy mesme rendre cõpte de tout mon fait au Roy. Ie vous dis dõc disertemẽt, que ie n'ay aucunemẽt reçeu le Focque que sur ma teste, & que ie suis Chrestien, cõme deuant. Que si i'ay comparu deuant le Bonze, c'est qu'on m'y a trainé par force. Le gentil sur le champ expedia vn homme expres à Cumamote, portant ceste nouuelle. Mais Iean craignant, que Icciana ne fist rendre fidelement la lettre, luy mesme escriuit au Gouuerneur comme il s'ensuit.

Lettre de Simon à Cacuzaimõ.

En l'absẽce de V. S il'on m'a trainé ce iourd'huy malgré moy deuãt le Bõze, ou ie n'ay cõmis chose aucune contraire, ou preiudiciable au Nom d'vn bon Chrestien, car ayant vn

Seigneur que i'adore de tout mon cœur, & lequel ie ne voudrois chãger pour mille Roys Canzinges, ie ne puis violer, ny enfraindre ses SS. Commandemens, pour obseruer, & suiure ceux de quiconque soit en ce monde. Parquoy ie la supplie de dõner la mesme information de moy à sa Majesté, qu'elle luy donnera de Taqueda, Simon, puisque tous deux sommes en la mesme resolution. Il escriuit pareillemẽt à plusieurs Peres de la Cõpagnie de IESVS, leur racontãt la verité de tout ce qui s'estoit passé, & les asseurant qu'il estoit prest d'espãdre son sang iusques à la derniere goutte, en tesmoignage de sa Foy, se cõfiant si fort en la misericorde de Dieu, qu'à ceste fois il glorifieroit par sa mort son nõ tressaint. En ce mesme tẽps Ioachim Issiaque le vint retrouuer, & luy apporta vne Lettre, que Monsieur l'Euesque de Nãgasachi luy escriuoit, l'exhortant à estre constant iusques à la fin: Iean la mit sur son chef, en signe de reuerence, & l'ayãt leüe, il fut encor plus affermy en son bon propos.

Les affaires estant venuës à ce point, & Cacuzaimõ certioré, que Iean ne seroit iamais autre que Chrestien, & Simon aussi, duquel il estoit plus marry, pour

pour la ſinguliere amitié, que dés long temps il luy portoit, ny pouuant faire autre choſe, il en aduertit le Roy, lequel commanda, que tout auſſi toſt on trenchaſt la teſte à tous deux, & que leurs familles fuſſent crucifiées.

Sẽtence de tyran. La ſentence du tyran fut telle. *Comme ainſi ſoit que Minami Gorozaimon, & Taquenda Goſioie, ayant donné par eſcrit le ſerment preſté pour renoncer le Chriſtianiſme, & embraſſer les ceremonies de noſtre Loy, n'auroient point tenu promeſſe, & ſeroyent autant Chreſtiens que iamais, affin de donner terreur aux autres, ils ſont iuſticiez par le commandement du Roy, fait le 17. de la Lune vnzieſme.*

Ceſte ſentẽce fut affichée en public, & en Cumamote vis à vis des teſtes des deux decapitez, & en Iateuſcire pres des potãces & croix: ou l'on remarquera eſtre faux, que Taquenda, Simon ait iamais ſouſcrit aucune telle promeſſe; Cacuzaimon en fit bien cõtrefaire vne (comme dict eſt cy deſſus) pour luy ſauuer la vie, au temps de la premiere perſecution, que Iean ſe ſoubſigna, & s'oublia auec les autres: Mais il ſe recogneut le premier, auec tant de ferueur, & con-

Faux ſuppoſé de Simõ.

Iean ſeraviſe.

& constance, que maintenant il est couronné glorieux Martyr de Iesus-Christ. Canziuge donc commãda d'appeller promptement Iean, & Simon à Cumamote, pour les y faire mourir, & que quand & quand leurs familles fussent despechées à Iateuscire. Cacuzaimon luy dit qu'il enuoyeroit bien querir Iean, mais que Simon estoit si terrible, & si vaillant, que deuant que se laisser prendre il en tueroit plusieurs de sa main. Et pource il luy sẽbloit meilleur de le saisir par surprinse, & de le faire mourir à Iateuscire. I'en suis content, respõdit Cãziuge. Cacuzaimon ne proposa cela, que pour deliurer Simõ, son singulier amy, de la peine, & affront qu'il eut eu allant à Cumamote pour y estre iusticié: se souuenant de luy auoir ouy dire, que ce luy seroit grande courtoisie, & faueur de leur anciẽne amitié, qu'estant condamné à la mort, il ne fut conduit ailleurs, pour y estre executé, qu'en Iateuscire, affin d'y mourir auec vn appareil plus celebre. Au reste ne cuidant pas que Simon eut fait aucune resistẽce aux Officiers de la Iustice, luy mettant la main au collet. Or Iean estãt appellé,

Le Gouuerneur sauue son ami.

appellé, se mit si vistement en chemin, qu'il n'eut loisir de dire Adieu aux trois Issiaques, priant *Ionaqua Fanzaimon*, Iean de les saluër de sa part, se recommãdant à leurs prieres; La mesme commission donna il à vne bonne vefue Chrestienne, appellée Sabine, passant à Ogana, à quatre lieües de Iateuscire. Iean doncques arriué en grãde diligence à Cumamote, s'en alla droit au logis de Cacuzaimõ, qui luy dit de premier abord: Ie ne vous ay enuoyé querir, que pour vous dire, que le Roy trouue fort mauuais, que vous n'ayez suiuy mon cõseil, changeãt de Loy pour obeyr à ses commandemens. Et sur ce subiect, il luy apporta force raisõs, adioustãt en fin, que ce seroit le dernier conseil, par lequel il finissoit son propos. Iean luy respondit ainsi: Monsieur si ie deuois obeïr à vos cõseils, ie l'eusse ia fait à Iateuscire, mais puis que les choses de ce mõde passent en moins de rien, & qu'en l'affaire dont me parlez, il s'agist du salut de mõ ame, ie vous diray, qu'il ne se fera changemẽt aucun en moy, quoy qu'on me doyue hacher menu, comme chair de pasté. Response, qui n'agrea gueres à Cacuzaimon,

Diligence grãde de Ieã pour estre martirisé.

Respõce vraiement Chrestienne

mon, lequel ne laiſſa pourtant de l'inuiter fort courtoiſement à ſa table.

Le repas finy, & ſortãt de ſa maiſon, il dit à ſon hoſte, ie ne vous ay pas encore ſignifié clairement, ce qui a eſté determiné de voſtre fait, ſçauoir eſt, que perſiſtant en voſtre opinion de ne point obeïr, Vous, voſtre femme, & vos enfãs, ſerez taillez en pieces, n'eſt ce pas pour vous biẽ eſpouuãter? Iean repartit, que c'eſtoit ce qu'il deſiroit le plus en ce monde, que bien hũblement il en rendoit graces à Dieu. Là deſſus ils ſortirẽt tous deux, & allerent enſemble au logis de Gorozaimon, premier Gouuerneur du Royaume, ou Cacuzaimon, eſtãt entré iuſques au cabinet, luy raconta tout le ſuccez de ceſt affaire, ſi qu'ayant faict appeller Iean, l'exhorta pour la derniere fois, rememorant le nombre des graces, qu'il auoit reçeuës de ſa Majeſté. Et luy remonſtrant, combien il eſtoit mal ſeant de ne point obeïr à ſon Prince en vne choſe ſi aiſée, comme il iugeoit celle là. Quelques autres ſiens amys preſẽs luy donnerent tous enſemble vne furieuſe attaque, pour l'induire à s'acõmoder doucemẽt: Auſquels Iean reſpondit

Iean deſire le martyre.

non

Ref-ponce noble.

non moins honorablement, que Chrestiennement : Qu'il se souuenoit tres-bien des grãdes obligations qu'il auoit au Roy, pour les biens & faueurs receuës de sa main liberale, & qu'en recognoissance il estoit prest d'employer pour son seruice (l'occasion s'en presentant) & ses biens & sa vie. Mais que faire contre la Foy Chrestienne, & le salut eternel, qu'il ne luy en falloit parler d'auantage, ne luy pouuant obeïr en cela. Go[illegible]ozaimon ayant ouy ceste responſe si resoluë, manda viste, & secrettement homme qui la raportat à sa Majesté, la resolution de laquelle fut, qu'à la mesme heure, & sans aucun delay Iean fust mis à mort, ce qui arriua en la sorte, que ie vous vay dire.

Cholere du Roy.

L'on mena Iean dans vne grande sale, où il entra sans espee (l'ayãt laissee à *Yoquichi*, vn de ses pages, qui l'attendoit en la galerie deuant) & vid là trois soldats, coupeiarrets, colloquez en diuers endroits. Et soudain s'appercevant, qu'ils estoient là pour le massacrer se presenta à eux, tandis deux autres sortirent de derriere la tapisserie, les coutelas nuds en main, crians *Yoi*, qui signifie, c'est le com-

Cinq coupe-iarrets attiltrez.

mandement du Seigneur: & commencerent à le charger le chaplans d'estoc, & de taille. Alors Iean leur rendāt hardiment le col, repeta plusieurs fois à haute voix, Iesus Maria, qu'il continua d'inuoquer, iusques au dernier souspir de sa vie, laquelle il finit par 4. coups qu'on luy donna pour lui abbatre la teste, le mesme iour qu'il arriua à Cumamote huictiesme de Decembre 1604. Deux siens Pages *Yoquichi & Gueuzaimon*, l'vn Chrestien, & l'autre Gentil, enleuerent le corps, & l'enseuelirent, lequel puis apres fut transporté en Arima en l'Eglise des Peres de la Compagnie. Il portoit au dedās de sa camisole trois croix peintes, deux sur la poictrine, & vne sur les espaules, marques bien certaines de sa foy, & de sa deuotion.

Iean massacré le 8. Decembre.

Trois croix en la camizole de Iean.

Iean estant ainsi mort, le Gouuerneur Cacuzaimō partit le mesme iour sur le tard, vers Iateuscire, affin que la mesme sentence fut executee cōtre Simon cette nuit là: chose d'vn extreme regret au dict Gouuerneur: son amour vers Simon l'incita derechef à chercher tous les moyens possibles pour gaigner tous les autres Chrestiens se persuadant, que

Simon

Simon ſe voyāt ſeul, n'auroit que tenir, & qu'au moins il pourroit faire quelque demonſtration apparente d'obeir au Roy, qui ſe contenteroit de quelque petit ſigne exterieur, & le mettroit en aſſeurance de ſa vie. Mais n'auançant rien s'eſſaia de le deſtourner par l'entremiſe de ſa Mere, nommée Ieanne, à laquelle, & à Simon ſon fils il enuoya dire qu'il luy falloit neceſſairement aller à Cumamote, mais que deuant il les vouloit ſalüer & leur parler en leur maiſon meſme.

Cacuzaimō ayme Simō. Où il ne fut pas pluſtoſt arriué qu'il ſe print à pleurer chaudement, ſans pouuoir dire vne ſeule parole: Simon auſſi ne ſonnant mot attendry des larmes de ſon amy, demeurerēt ainſi quelque temps muets, & larmoyans par enſemble. Finalement Cacuzaimon, commença à parler, & dire à Ieāne. Ie m'en vay à Cumamote, pour informer Canziuge, puiſque Simon ne veut preſter l'oreille à mes conſeils, n'y auoir egard à ſon biē, vous pour le moins, qui eſtes ſa Mere, prudente, & ſage Dame, pour voſtre vieil aage, donnez luy quelques bons aduis. Ne voyez vous pas, comme on on eſt pour luy trancher la teſte deuant vos yeux? Pourquoy ne luy perſuadez vous de donner quelque bõne reſponce au Roy? car c'eſt le ſeul moyen, pour cõſeruer ſa vie, & pour ſauuer ſes biẽs, & les voſtres. Monſieur, dit-elle, ſi l'on auoit ſeulement eſgard aux choſes de ce monde, ie ſçay tres-bien, qu'il n'y a meilleur conſeil que le voſtre, mais quand il en eſt queſtion du ſalut de noſtre ame; combien que l'on face trancher la teſte à mon fils, ie ne m'en donne point de peine, ains pour vous dire la verité, ſi pour ceſte cauſe ie voyois deſchirer tous les mẽbres de ſon corps, ce me ſeroit vn tres-grand contentement. Parquoy, Monſieur, ie vous prie, autant que ie peux, que iamais plus vous ne me parliez de telle choſe, que s'il vous plaiſt me fauoriſer de tant, que ie meure auec mon fils, ie me tiendray infiniement voſtre obligée. Cacuzaimon s'indigna fort de ceſte reſponſe; & perdant toute eſperance de pouuoir rien plus aduancer, ſe partit tout en cholere, l'appellant diableſſe, & vieille ſorciere.

Reſponce Chreſtienne de Ieãne mere de ſimõ.

Toutesfois pour l'amour incroyable, que

que tousiours il portoit à Simon, arriuant à Cumamote deuant que parler au Roy, ne pouuant endurer en son ame de perdre vn si cher amy, luy rescriuit encor cette lettre: *Tant que ie puis cognoistre (mon bien aymé) vous estimez vne grāde infamie de vous mettre le Focchechesur la teste, & pource ay-ie impetré pour vous, que ce ne sera pas vous mesmes, ains quelques Seigneurs, qui le vous mettrōt comme par force; car de vous voir mourir, les autres estans sauuez, ce m'est vne affliction intollerable: Parquoy ie vous prie tres-affectueusement de ne resister gueres à cela, quand ce ne seroit que pour mon honneur particulier, veu que tous sçachans la grande amitié qui est entre nous deux, s'ils vous voyent mourir de la sorte ils ne faudront de m'accuser, pensant que i'aye manqué à vous assister de mon credit & cōseil pour vous sauuer la vie, ce qui me seroit vn deshonneur irreparable, & vn extreme creuecœur. C'est l'occasion qui m'a esmeu à vous enuoier encor vn coup ce messager, ne voulāt rien autre de vous, sinon que disiez le mot, de vouloir ce que les Gouuerneurs commanderont.* Simon ne luy faisant autre responce que la premiere, Cacuzaimon desista de le molester dauantage. Vn autre grand amy de

Cacuzaimōn rescrit en ami à Simon.

Autre amy de Simon.

tous

tous deux nommé *Iirozaimon*, s'en vint depuis Cumamote le retrouuer, ſeulement pour le faire condeſcendre à la volonté du Gouuerneur: Mais Simon le remerciant courtoiſement de la peine qu'il auoit priſe à ſon occaſion, ne fit pas plus d'eſtat de ſon cõſeil qu'il auoit faict des prieres & conſeil des autres, luy requerant neantmoins fort affectueuſement de dire à Cacuzaimõ qu'il le ſupplioit auec inſtance de faire entendre au Roy ſa reſolution, & que c'eſtoit tout ce qu'il ambitionnoit le plus en ce monde. Ce qu'entendant Iirozaimon, s'en alla parler à Madame la mere de Simon, pour luy perſuader de faire treuuer bon à ſon fils le conſeil que luy donnoient ſes plus intimes fauorits, & les belles offres que luy faiſoit le Gouuerneur. Elle reſpondit à ceſtuy-cy cõme elle auoit faict à l'autre. Lors Iirozaimon s'eſcria, ô qu'il eſt bien vray ce que Cacuzaimon a dict en la preſence de pluſieurs Citoyens de Cumamote, que Simon a vne mere qui ne peut eſtre pire pour luy, laquelle meriteroit d'auoir la teſte rompue & briſee en mille pieces, veu que c'eſt elle ſeule qui le rẽd si obstiné en son opiniastrise. A quoy Ieanne respõdit soubsriant: C'est donc cela que Cacuzaimon dit de moy? Ie vous asseure, Monsieur, que ie ne l'en aime pas moins, & voudrois volontiers que tous ceux qui luy ont ouy tenir ce propos vinssent pour m'escarboüiller la teste de leurs mains. Iirozaimon luy repliqua pour l'espouuanter, qu'elle seroit esclaue & prisõniere apres la mort de Simon: C'est tout ce que ie desire, dit-elle hardiment, c'est la gloire & la ioye de mon cœur que d'estre esclaue, & seruir tout le temps de ma vie aux pauures & ladres pour l'amour de mon Dieu. Le mesme dit Agnes, presente à tous ces discours.

Cacuzaimon vsa d'vn autre artifice, tirant Simõ hors de sa maison, & le logeant en celle d'vn Payen, afin de pouuoir là plus aisément traicter auec luy, & faire tous ses derniers efforts pour le peruertir. Mais sortant il dit à sa mere & à sa femme, comme se riant de ceux qui le menoient: Ces gens-cy pensent qu'en changeant de lieu ïe changeray de cœur: sachez que moyennant la grace de Dieu ie ne changeray iamais d'affed'affection ; & crois que quant à la Foy ie suis comme vn enclume, laquelle tant plus qu'on bat, tant plus elle s'endurcit; & i'espere en Dieu, que comme d'vne pierre à feu, au choc de ses gens, les viues estincelles de ma foy sailliront de mon ame. Ie vous recommande tout le mesme, & vous coniure par l'amour que me portez, & beaucoup plus encor par celuy que portez à Dieu, de perseuerer tousiours, comme auez heureusement commencé. Ie me resioys grandement, dit Ieanne, de vous ouyr ainsi parler.

Simon comme vne enclume, & pierre à feu.

Sept ou huict Chrestiens Gentils-hommes ses amis, en presence de plusieurs autres Apostats, luy dōnerent vne autre forte atteinte en sa maison propre, & ayans longuement discouru, & disputé d'vn costé & d'autre, ne sçachās plus que dire, Simon conclud, que iaçoit qu'il ne s'osast en rien comparer à nostre Seigneur Iesus-Christ, toutesfois qu'en ce sien negoce on voyoit ie ne sçay quoy de sēblable à ce qui luy aduint en sa saincte Passion : car lors trois Iuges ou Gouuerneurs estoiēt en Ierusalem, Pilate, Anne, & Caiphe. Pilate

Cacuzaimõ ressemble à Pilate. (auquel appartenoit de dõner la sétence & de la faire executer) procura par tous moyẽs de deliurer nostre Sauueur, qui (ayant determiné de mourir volontairement pour le salut du Monde) ne
Mat. 27. 25. permit que Pilate le deliurast, ioint que le mesme Pilate craignãt de perdre son estat, le condemna iniustement.

Tout de mesme il y a icy trois Gouuerneurs, & Cacuzaimon ayant commission de faire mon procez, pour l'affection qu'il me porte, pourchasse par tous moyens de me deliurer, mais ie ne puis faire que ie ne donne ma vie pour celuy qui a donné la sienne pour moy. Et Cacuzaimon afin de ne perdre son office, & la bonne grace du Roy, ne laissera point de me faire mourir. Vous semble-il pas, Messieurs, que cecy a quelque ressemblance auec la Passion de nostre Redempteur? Eux n'ayans que repliquer, sortirent l'vn apres l'autre tous confus & honteux: & ce fut la derniere charge que Simon soustint courageusement. Il appelloit bien souuent à soy les trois Issiaques susdits, lesquels il consultoit en ses doubtes, conferãt des choses spirituelles, & ne s'occupant

cupant qu'à se bien preparer au Martyre, lequel succeda en telle sorte.

Apres l'execution de Iean, Cacuzaimon reuint à Iateusciro, comme dict est, ayant charge expresse du Roy, qu'à son arriuee il fit trãcher la teste à Simõ, & la luy enuoyast à Cumamote, d'où il partit assez tard, si qu'il n'arriua en la maison qu'à la minuict, & tout aussitost escriuit vne lettre, faisant appeller Iecicaua Gisioie, honnorable homme (duquel auons cy deuant parlé) & luy dict: Sçachez qu'il y a ordonnance du Roy que Simon meure: vous qui dés long temps luy estes bon amy, luy trancherez la teste dans sa maison mesme. Prenez ceste lettre, & la luy donnez en main propre, pource que ie luy mande l'arreste final de tout son affaire: traictez auec luy en toute courtoisie, & executez ce que ie vous ay dict auec toute reuerence & respect.

Iecicaua choisi pour decapiter Simon.

Gisioie s'en alla de ce pas en la maison de Simon, & cõme il n'estoit pas encor iour, il trouua les portes fermees, heurtant & frappant fort, & disant qui c'estoit, & qu'il portoit lettre de Cacuzaimon, soudain luy fut ouuert: il entra,

& le seruiteur Chuizaimon en aduertit aussi tost son maistre, lequel tandis que tous ses domestiques dormoient veilloit & vacquoit à prieres. Il sortit doc, & vint au premier corps de logis de sa maison pour ouyr la nouuelle que Gisioie luy apportoit, & lisant la lettre d'vn visage serain, & ioyeux plus que deuant, s'escria: ô nouuelle pleine d'allegresse, nouuelle cause de tout mon bonheur, digne que ie rende graces immortelles à Dieu. C'est maintenant que ie sens mon ame tranquille, & mon esprit en repos. Et quittant là Gisioie se retira dans vne chambre plus secrette, où les genoux en terre, & les mains iointes, il se remit à faire oraison deuãt vne fort deuote image d'vn *Ecce Homo*: de là il passa en vne autre chambre où reposoit sa mere & sa femme, leur faisant part de ceste nouuelle: Elles sans se troubler aucunement, ains au cõtraire toutes deux d'vn visage gaillard & allegre luy dirent, Que c'estoit vne si bõne nouuelle, qu'il en falloit bien fort remercier le porteur, & nous auec vous (qui la receuez) nous en deuons grandement resiouir. Ces iours passez nous estions

Simon remercie Dieu de la nouuelle de sa mort.

estions en crainte, toutes pleines de doute, à quoy se termineroit vostre affaire, maintenant que nous le voyons cõclud en vostre mort, nous en tressaillons toutes de ioye, ô heureux, ô bienheureux Simon, quelle grande grace de Dieu est ceste icy?

Il se laue en signe de Feste.

Sur cela elles cõmanderent aux seruiteurs de la maison de faire chauffer de l'eau, afin que Simon lauast tout son corps selon la coustume des Iaponois, lesquels pour plus grande netteté vsent souuent de tels lauemens, & particulierement quand ils doiuẽt assister à quelque action & feste publique.

Inuentorye ses meubles.

Dauantage, Simon sçachant fort bien que selon la pratique du Iapõ ses biens seroient confisquez, afin que ses seruiteurs ne fussent molestez, cõme l'on est souuent soubs couleur qu'on a desrobé quelques choses, luy mesme fit l'inuentaire des meubles, & en chasque chãbre & sale il attacha la liste à la muraille de tout ce qui estoit, escrite de sa main, & cachetté de son seau. Apres il escriuit plusieurs lettres à diuerses personnes, leur disant comme le dernier Adieu: finalement l'eau estant assez chaude

Appareil nuptial. il se laua, & print les meilleurs habits qu'il eust, les faisant parfumer à sa mere & à sa femme, qui l'aiderent à vestir & à se bien accommoder : afin que comme
Mat. 22. 11. celuy qui s'en alloit aux nopces de l'A-
Apoc. 29. 7. gneau celeste, comparust en cet acte solénel reuestu de la robe nuptiale, bié en conche, net & poly de corps & d'ame.

S'estât habillé il print congé de sa mere & de sa femme, faisant appeller tous ses domestiques, tant seruiteurs que seruantes, pour leur dire Adieu, leur parlant en ceste sorte. *Comme il y a ia long temps que vous me seruez, ainsi ie ne doute pas que selon le naturel de la fragilité humaine,* *Simon demande pardon à ses seruiteurs.* *ie ne vous aye donné beaucoup de fascherie, tant à raison du seruice fait à Canzinge à la fabrique des forteresses, & en plusieurs autres œuures difficiles & fascheuses, ausquelles ie vous ay employé. Partant il ne se peut faire que ie ne vous aye souuent donné de la peine & de l'ennuy, desireux de m'acquitter de la charge que i'auois sur les espaules : A cause dequoy ie vous requiers pardon de tout mon cœur. Et vous autres qui estes Chrestiens, ie vous exhorte & coniure de perseuerer iusques à la mort en la saincte foy, à mon exemple.* Et quant-quant il donna à vn chascun d'eux d'eux quelque petit present, afin qu'ils le gardassent en memoire de luy, outre qu'il leur laissa quelques bonnes instructiós & enseignemens pour se bien gouuerner quant au corps & quant à l'ame. Et les voyant affligez & fondant tout en larmes, il les reprit amiablemẽt par ces douces paroles. *Ce qui m'est ores aduenu ne vous doit aucunement contrister, ains vous doit apporter grande ioye & consolation, puis que c'est vne chose que i'ay long temps a grandement desiree.*

Lors mesme Agnes son espouse le requist de luy couper les cheueux (signe parmy les Iaponois de totalement quitter le monde, & de ne se vouloir remarier) pourautant, dit-elle, que si d'auanture ie vis apres vous, l'on ne pense que ie ne vueille demeurer en mon vefuage pour prẽdre vn nouueau mary. Simon luy dit que cela n'estoit point necessaire: mais Ieanne sa mere l'incita de satisfaire au bon desir d'Agnes, par ainsi il la tondit. *Il tond sa femme.*

Cela faict, Simon auec la permission & licence de Gifioie qui le deuoit decoller, enuoya querir les trois susmentionnez Issiaques, Ioachim, Iean & Mi- *Les trois Issiaques reconfortez.*

chel, ausquels venus promptement il dict en la presẽce de sa mere, de sa femme, & de Gisioie: Ne voyez vous mes freres, ma grande felicité, qu'vn homme pecheur & sans aucun merite comme moy, soit Martyr de nostre Dieu? & par quel moyen pourray-ie me reuancher d'vne si rare faueur? Lors eux trois l'ayans salüé auec vne profonde reuerence & respect conuenable, l'embrasserent estroitement, & luy dirent: il est ainsi (Seigneur Simõ) cõme vous dites, & que vous estes beaucoup heureux, & pourtant nous vous supplions de prier pour nous, quand serez citoyen de Paradis. Ie le feray volontiers, dict Simõ. A quoy ils adiousterent; Nous souhaitterions de vous y accompaigner dés maintenant. Il est probable, dict Simon, que vous trois ne tarderez gueres à me suiure. Et parce qu'il ne luy restoit plus rien à faire en ce monde, il desiroit des-ormais s'apprester pour le voyage du Ciel. Lors Ieanne, & Agnes, auec ces trois hommes de bien, & les autres, qui estoient là presens, s'agenouillerent, & dirent à haulte voix le *Confiteor*, & trois *Pater*, & trois *Aue Maria*.

Il s'entretient en tel estat quelque tẽps, faisant oraison, laquelle finie il commanda d'allumer les cierges, & apporter l'image du Sauueur. Puis tenant d'vne main sa Femme, & de l'autre sa Mere, il leur, dict, Mes tres-aimees, c'est cy le dernier congé que ie prends de vous en ce monde, ie marcheray deuant pour vous monstrer le chemin, par lequel il vous faudra aussi passer; ie prieray Dieu là haut pour vous, afin que bien-tost vous vous y puissiez rendre heureusement. Paroles qu'il repeta souuent, sans rien auoir ouy dire de la sentence prononcee de leur mort.

Il predict la mort des Siens.

Tous cõmencerent alors de s'acheminer comme en procession vers la sale où l'on luy deuoit trancher la teste, & marcherent en telle ordonnance. Michel portant le Crucifix alloit deuant, au millieu de ses deux cõpagnons, apres venoit Simon, tenãt d'vne main sa femme, & de l'autre sa mere, lequel estoit suiuy de Gifioie qui le deuoit decapiter, accõpagné de trois autres soldats seruãs comme de corps de garde: à la fin venoient les seruiteurs domestiques tous confits en dueil & en larmes. En cest

Procession du futur Martyr.

equipage ils arriuerent en la sale, où cõme nous auons ja dict, estoit l'image de l'*Ecce Homo*, à laquelle Simõ portoit vne particuliere deuotion, & s'estant prosterné & mis hũblement à genoux deuant elle, leua les mains au Ciel. Vis à vis de luy s'agenoüilla Michel, tenãt l'Image de nostre Redempteur crucifié, & à ses deux costez Ioachim & Iean, tenãt les cierges ardants. Ieanne & Agnes se retirerent quelque peu en arriere, separees l'vne de l'autre, & s'estans tous signez du signe de la saincte Croix, redirent à haute voix le *Confiteor*, & trois *Pater noster*, & trois *Aue Maria*.

Fichida, renié, rauy de ces ceremonies, promet resipiscence.

Cepẽdant Fichida Iarosuqui Gentilhomme soldat Chrestien nouuellemẽt renié, vint là pour prendre congé de Simon, & voyãt vn appareil si deuot, tout estonné s'escria: ô vaillant & hardy Simon! ô homme nompareil entre tous les hommes! iamais ny au temps passé, ny au temps present ie n'ay veu ny ouy parler d'vne si belle mort qu'est ceste-icy. Simon se tournãt vers luy d'vne face allegre, monstra qu'il auoit pour aggreable sa bõne affection, & qu'il estoit venu à telle heure pour luy dire Adieu.

Alors

Alors mesme il print son Reliquiaire qu'il auoit pendu au col, & le donna à sa mere: puis ses grains benits qu'il bailla à sa femme. Ce que Fichida voyant s'approcha de luy, & luy demãda quelque chose de deuotion, pour la conseruer en memoire de luy. Si vous me promettez, dict Simon, de retourner à la foy, ie feray volontiers ce que me demandez, autremẽt ie ne vous puis rien donner. Cet homme ne luy dict mot pour la honte, qu'il auoit en la presence des Ministres de Iustice Gentils: Simon luy repeta vne, & deux fois les mesmes paroles, qui le contraignirent de le promettre, & de viure à l'aduenir en bon Chrestien, dequoy Simon tres-ayse: Voyez, luy dit-il, dans mon oreille vn grain benit, que i'y ay mis, pour gaigner les Indulgences à l'article de la mort: Prenez-le apres mon trespas, car ie le vous donne de bon cœur. *Grain benit.*

Puis s'adressãt au soldat qui le deuoit decapiter, le pria que de grace, il luy permit de faire vn peu d'oraisõ, & luy mesme reuallant le collet de sa robbe, decouurit courageusement le col, & fermãt les yeux demeura de la façon assez *Simon decapité.*

de temps en priere, puis auec vne tres-profõde reuerẽce, adora la saincte Image du Sauueur, touchant de son front le paué de la sale, & r'adressé qu'il fust demeura tousiours à genoüil, le col tendu iusques à ce que le soldat luy tranchat la teste tout d'vn coup, laquelle tomba du costé droict, ou Ioachim la print en la main, & fort reueremment la mit sur la sienne, en signe de veneration. Tãdis Ieanne presente à cet acte, auec Agnes sans ietter vne seule larme, ains ayant tousiours vn visage serain, s'aprocha de Ioachim, & touchant, & maniant ce S. chef, le caressant, & comme par sainctes mignardises le flattant, s'escria, ô belle teste! ó chere teste! ô bien-heureux & fortuné Simon, ayant ainsi pour la querelle de ton Dieu exposé ta propre vie! ô comme ie me resiouys de pouuoir maintenant, quoy que pecheresse, offrir au Pere eternel en sacrifice mon tres-aimé Simon, mon fils vnique, que par tant d'années i'ay esleué d'vn amour si charitable. Agnes de mesme accourant, & s'approchant dudict sainct chef, le baisoit, & embrassoit fort estroictement, proferant les mesme paroles, ô belle

Sa S. teste honoree de Ieanne & de Agnes

belle teste! ô chere teste! ô bienheureux & bien fortuné Simon! C'est maintenāt que ie vous prie de vouloir interceder pour nous vers la diuine Maiesté, affin qu'elle nous attire auec vous pour, iouyr eternellement de sa presence, ô admirable, & singuliere misericorde de Dieu! Voila cōme toutes deux ensemble offroyent leurs actions de graces à nostre Seigneur pour cet inestimable benefice, & vsoiēt de paroles si deuotes & affectueuses, que tous ceux qui assistoient à ce spectacle tragique, voire mesme les Payens furent autant edifiez de leur deuotion & modestie, qu'esmerueillez de leur constance & magnanimité, & certes c'est vn cas digne qu'on remercie grandement la diuine bonté, qu'en ce temps & en ce lieu tant esloigné du reste de l'Eglise, & si destitué des aydes spirituelles, elle ait voulu renoueller en ces deux vertueuses Dames les exemples anciens, & si celebres par toute la Chrestienté des Natalies, des Synforoses, des Felicitez, & de tāt d'autres, lesquelles d'vn courage plus que viril exhorterent iadis & induisirent leurs espoux & enfans à prodiguer leurs

saintes fēmes, qui ont offert les leurs au martire. Sic Mater 7. fratrum,

Macha-
bæo-
rum.l.
2.c.9.
20.

leurs vies pour la querelle de Iesus-Christ, comme encor és hômes la glorieuse memoire des Adrians, des Melitons, des Synforians, & mille semblables valeureux champiós de nostre Seigneur, lesquels ou en cópagnie de leurs meres, & de leurs espouses, ou bien incitez par elles au Martyre, ont glorieusement triomphé, & des malins esprits, & des Tyrans barbares. En ceste sorte Simon passa tres-heureusement de la terre au Ciel le 9. Decembre 1604. deux ou trois heures deuãt iour, laissant matiere tres-ample de loüange à la Posterité, laquelle en a vne fort large campagne de le pouuoir imiter par exemple. Tellement que les mesmes Gẽtils confessoient à pleine bouche, que la valeur de Simon & la vertu de ces femmes surmontoient les forces de nostre nature imbecille, & caduque, & que ceste façõ de mort estoit rare, & du tout nompareille, n'ayant parauanture, iamais plus esté veüe au monde. Le Soldat print la teste coupee pour la donner à Cacuzaimon, lequel l'enuoya à Cumamote, où elle fust mise en public auec celle de Iean: & quant & quant la sentence, &

Decolé le 9. Decembre 1604.

cause

cause de leur mort escrite en vn tableau, comme cy a esté dict.

Les bonnes Dames Ieanne, & Agnes se retirerent en leurs chambres & les Issiaques demeurerent en vne autre pour y faire oraison, & garder le sacré Corps, qu'apres ils mirent decemment en vne biere de bois, faicte (non sans speciale prouidence de Dieu) d'vn autel trouué en la maison de Simon, afin que selon l'vsage de l'Eglise Catholique, le corps d'vn inuincible Martyr fut posé dans vn Autel, & qu'en telle façon fut encor honoré de Dieu son cher, & fidele seruiteur Simon. Combien que pour vne autre raison il sebla bon à ces trois gens de bien, de le faire ainsi, sçauoir est de peur que cest Autel, sur lequel tant de fois on auoit offert le sainct sacrifice de la Messe, ne tombast és mains des Mescreans, & ne fust employé à quelques vsages profanes. Donc ce precieux gage ayant esté mis dãs le Cercueil, deuant que l'enterrer Ieanne & Agnes sortirent derechef, & enuironnant ce sainct corps munies du signe de la croix reciterent deuotement en langue vulgaire, le *Confitcor*, trois *Pater noster*, & trois

Son corps mis en cercueil d'vn autel.

Les dames prient en actiõ de grace.

trois *Aue Maria*, le *Credo*, le *Salue Regina*, le *Miserere mei*, & les Litanies de Nostre Dame, le tout à haute voix en recognoissance & remerciement de la grace receüe, tousiours assistees des trois Isiaques. Cela fait elles se retirent vn autre coup en leur chãbre, ou ne sçachant alors, ce que leur deuoit arriuer, ou craignant que pour ceste fois elles seroyent frustrees du glorieux Martyre, & n'accõpagneroyent leur bien aymé Simon. Là commencerent elles à se contrister, & verser abondance de larmes, ce que voyant *Fichindu, Tarosuchi*, (lequel estoit venu prendre congé de Simon sur le poinct qu'il deuoit estre decolé) Mes Dames, dit-il, ayez bon courage, par ce que i'ay ouy dire que Magdeleine femme de Iean doit estre mise à mort, comme son mary, s'il est vray, comme il est tres-veritable le mesme vous arriuera. Ce qu'il ne sçauoit de vray, mais disoit seulemẽt cela pour les cõsoler en leurs afflictions. Lors Ieanne, & Agnes cessantes de pleurer, & toutes resiouyes pour vne si bonne nouuelle, l'interrogerent ainsi. Que dictes vous, Monsieur? Deuons nous encor endurer la mort?

Sont consolees de l'esperance du martire.

mort? Il n'y a donc rien plus, qui nous puisse maintenant contrister, veu que comme pecheresses nous nous estimõs du tout indignes d'vne telle prerogatiue. Si Dieu nous vouloit encore laisser en ce miserable monde, nous auriõs iuste occasion de larmoyer, comme ores nous l'auons de nous resiouyr, s'il nous veut retirer à soy par la mesme voye, que nostre cher Simon, & dés lors ne s'apperçeut en leur visage, aucun signe de tristesse, ains on les veit si allaigres, qu'on ne le sçauroit expliquer, au Iugement mesme de Tarosuchi. Les Issiaques, qui s'estoyent tenus aupres du corps, s'estans acquittez dignement de tout ce funebre seruice, & office de pieté entrerẽt dedans pour visiter ces Dames, lesquelles les remercierent bien fort de l'amitié, qu'ils auoiẽt tousiours portee à Simon, principalement en ce dernier acte de sa vie: & pour ce que l'õ nous asseure maintenant, que nous autres aussi deuons bien tost mourir pour la mesme cause, nous vous priõs, ce dirent elles, de ne nous point abandõner en ce dernier passage. Vous voyez la faueur que Dieu nous faict sans aucun

Assistence des trois Issiaques.

no-

nostre merite se daignāt de nous esleuer à vne dignité si haute cōme est celle du Martyre: & sur cela Agnes se leuant de prier Dieu, s'addresse à l'vn d'eux & luy dit, ô Michel, Michel, croyez vous que la grādeur de cette faueur immortelle, que Dieu nous fait, se puisse comprendre d'aucun entendement humain.

Le soleil desia se leuoit, & ces Dames croyans que c'estoit le dernier iour de leur vie, cōme veritablement il leur fut aussi, toutes deux agenouillees deuant vne bien deuote Image de nostre Dame, qui estoit là attachee, se mirēt à dire ses Litanies, comme quasi prenant congé d'elle. Leur Ioye, & allegresse fust telle, & si extraordinaire, & leurs parolles si enflambees d'vne ardente deuotion, qu'on voioit clairemēt (selon le tesmoignage de ces trois Issiaques) que le S. Esprit logeoit en leur poictrine, & mouuoit les langues, qui proferoyent de si feruentes parolles: de façon que les mesmes soldats Gentils, que Cacuzaimon auoit là mis en garde, furent merueilleusement estonnez, & pour ce qu'ils estoyent logez pres des dites Dames, ils entendoient leurs colloques & deuis

Elancemēt d'esprit en ces SS. Dames

deuis spirituels, & tous esperdus confessoyent qu'vne telle constance n'auoit iamais esté veue, Nous auons (disoient ils) souuent esté employez pour garder plusieurs personnes, & n'auons oncques ouy choses semblables en telle extremité; nous cognoissons bien maintenant estre vray, ce que les Chrestiés disent, qu'en leur seule loy se troue le salut asseuré; & de faict la deuotion de ces Dames, & la douceur de leur parler eut si grande force pour amollir les cœurs de ces soldats farouches, & inhumains, qu'estant tous attendris ils permirent à ces trois bons personnages, d'vser de tout office de pieté enuers icelles en vne si grande calamité, sans leur monstrer vn seul mauuais regard, chose non accoustumee par le passé, & laquelle donna courage aux trois Issiaques de continuer leur charité iusques à la mort de ces sainctes Dames, sans les abandonner aucunement.

Les Payens en sont rauis.

A tant Agnes print vn liure de la vie des SS. Martyrs, escrit en langue Iaponoise, & le bailla à Michel pour en lire quelques chapitres. Ce qu'ayant faict elle se mit à dire: O que ie cognois bien main-

Martyrologe d'Agnes.

Desir incroiable du Martire. maintenant les immenſes graces que ie doibs rendre à mon Dieu, pour vn ſi rare benefice! ô quelle conſolation ſens-ie dans moy-meſme! Doncques nous mourrōs de ceſte ſorte, & ſerons vraïes Martyres! ô mon Dieu! pourquoy eſt-ce qu'on tarde tant à nous faire mourir? En fin quand ſera-ce? Chaque heure me ſemble durer cent ans, & voudrois que le peu de tēps qui me reſte, courut treſ-viſtement, pour me rendre au pluſtoſt à la mort: & ſe tournāt vers Michel, Voicy, dit elle, ce liure ſpirituel, que ie vous donne, prenez le, & cōſeruez le bien, le liſant quand vous ſerez de loiſir, pour la conſolation des affligez.

Les trois Iſſaques voyans à l'œil que le ſainct Eſprit habitoit en ces vertueuſes ames, & qu'ils ne deuoyent gueres plus prendre peine apres elles ſi bien diſpoſees à la mort, ils eſtoyent en grād penſement & anxieté, pour ſçauoir cōment Magdelaine, femme de Iean ſe preparoit à mourir? Pourtāt ils ſe reſolurent, que quelqu'vn d'eux l'iroit viſiter? choſe qu'ils ne peurent iamais obtenir des Gardes, quelque pourſuytte qu'ils en fiſſent. Dequoy Ieanne ayant *Iſſaques perplex de Magdelaine.*

ſenty

senty le vent & trouuant bon le dessain des Issiaques, elle mesme enuoya vn Messager expres au Gouuerneur, le suppliant (puisque Agnes, & Magdelaine deuoyent mourir auec elle) de vouloir permettre, que toutes trois s'assemblassent en vn mesme lieu, affin que par ensemble elles mourussent, & montassent par ensemble en Paradis. A telle fin le prioit elle de faire venir Magdeleine en leur maison: adioustát que ce luy seroit moindre peine & fascherie, de les auoir ainsi toutes trois en vn mesme lieu, que si elles estoient esparses çà & là, pour les faire executer à la iustice. La requeste pleut à Cacuzaimõ, qui l'appointa tout aussi-tost fort facilement.

Cacuzaimõ permet qu'on l'enuoye querir

Sur ces entrefaictes plusieurs des soldats Chrestiens, qui par crainte auoient fait banqueroutte à la Foy, vindrent dire Adieu à ces sainctes Dames, entre autres *Iannaca*, *Fanzaimon*, *Figasci Chugaiemon*, & *Mibi Canzaiemon*. Ausquels Ieanne ne tint autre propos, que de faire penitence pour la faute cõmise en la persecution. Elle les exhortoit à se recognoistre, & courir au Ciel, cõme valeureux Chrestiens, par la voye ouuerte de la croix.

Sont visitées des Chrestiens reniez.

Ieãne les exhorte à penitence.

la croix. C'estoit merueille à tous d'ouïr les efficaces paroles, & les viues raisons que ceste bõne Dame mettoit en auant pour les persuader, & se monstroit plus amie & familiere à ceux qui luy promettoient de se recognoistre, leur donnant quelques petites deuotions, comme grains benits, medailles, & semblables choses, adioustãt auec ardente ferueur d'esprit : Vous autres Messieurs, voyans ces annees passées la puissance & majesté de Taicosama, lors seigneur souuerain de tout le Iapon, il vous sembloit, que c'estoit quelquegrãd cas, mais toute ceste grandeur ne merite en rien d'estre parangõnee au moindre eschantillon de la gloire, que par le moyen du martire i'espere de receuoir. Vo⁹ sçauez biẽ que Simõ a esté occis pour l'amour de nostre Dieu : & nous aussi mourons s'il luy plaist pour le mesme. Mais quelle vie en terre esgallera iamais en bonheur ceste mort nostre ? de prime face elle sẽble horrible & épouuãtable, non pas à celuy qui la prẽd volontiers pour l'amour de nostre Seigneur. Quant à moy, ie ne puis par aucunes paroles declarer la ioïe que ie sens de ce que bientost

Greg. hom. 37. in Euangelia.

La grãdeur du ciel bien autre que celle de la terre.

toſt ie dois mourir. O quelle faueur! ô quelle grace eſt ceſte-cy, laquelle nous receuons de la main de l'Eternel! Helas, Meſſieurs, ayez auſſi vous autres regret de voſtre faute, & bien repentis, retournez au giron de l'Egliſe, d'où vous eſtes departis ſi legerement: regardez que tous les plaiſirs de ce mõde paſſent en vn moment, mais les ioyes du Ciel, & les contentemens ſont immortels. Sus, ſus, Meſſieurs, conſiderez bien ces choſes, & releuez vous par tous moyens à vous poſſibles.

Agnes diſoit de meſme, adiouſtant, vous croyez, Meſſieurs, que cõme femme ie parle beaucoup, ie le confeſſe, & en partie vous auez raiſon, mais ie vous prie de croire, qu'il n'eſt en mon pouuoir de faire autrément, & iaçoit que ie vouluſſe cacher l'alegreſſe, que ie ſens en mõ ame, il n'eſt en ma puiſſance de le faire, & il faut qu'elle ſorte dehors (malgré que i'en aye) & ce par ma bouche, cõme vous voyez. Par ces propos & autres sẽblables pleins d'vne ſaincte affection elle declaroit de plaiſir de ſon cœur. Les aſſiſtãs la prierẽt, qu'elle voulut interceder pour eux, arriuee qu'elle

Agnes touee embraſſee ne peut contenir ſa ioye.

feroit en Paradis, à ce que Dieu leur dõnast l'esprit, & la force pour se rauiser, & reuenir à la foy ; Ce que toutes deux promirent de faire tres-volontiers.

L'arriuee de Magdeleine

Il se faisoit desia nuict, & Magdelaine ne venoit point, partant Ieanne & Agnes renuoyent vn messager au Gouuerneur, cependant elles la virent arriuer auec son petit Louys, qui marchoit deuant elle : Ieanne & Agnes allerent au rencõtre, qui fut de tresgrande consolation à toutes trois. Les tesmoings, qui estoient là presens affirment qu'il n'y a langue humaine, qui puisse raconter les propos, qu'elles tindrent entre elles & l'accuiel gracieux qu'elles se firent. De premier abord Ieanne & Aggnes, s'escrierent, ô que nous nous resiouïssons de voir icy nostre bonne Cõpagne ! d'icy nous nous en irons toutes ensemble au royaume de Paradis : & moy pareillement, dit Magdelaine, me resiouis infiniemẽt que d'icy nous no° y en irons de compaignie, cõbien qu'il n'importoit pas beaucoup de ne nous point veoir en ce monde puisque nous estions si conioinctes & vnies d'ame, & de cœur en Iesus-Christ, nostre vray Espoux.

L'accueil charitable entre elles.

Magdelaine asseuree.

poux. I'estois en ma maison priăt, Dieu pour me preparer à la mort: ie vous remercie cepĕdant de la souuenance que vous auez de moy, procurăt que ie vinsse vers vous. Ce qu'elle disoit auec tant de modestie & grauité qu'en son visage ne paroissoit aucun signe de perturbation, ains vne tranquillité parfaicte d'esprit, monstrant en toutes ces paroles & actions la ioye interieure que Dieu luy auoit esparse largement.

Cela faict, toutes trois se demanderĕt pardon l'vne à l'autre, & employerent tout le temps en deuis spirituels, & colloques de deuotion, Ieanne & Agnes luy disoient, Nous ne meritions pas de nostre costé que le Sauueur nous fist la grace de mourir si honnorablement martyrisees pour luy, mais nous recognoissons que c'est par les prieres de nostre cher Simon. Magdeleine confessoit le mesme de soy, rapportant tout son bonheur aux merites & intercession de Iean son mary martyrisé: & se tournant vers le petit Louys, enfant de sept à huict ans, luy dist, Mon fils, bientost vous & moy nous en irons au lieu où vostre pere est maintenant, ne vous

Actes singuliers d'humilité.

Louys sainctemĕt instruit.

oubliez point de dire tousiours IESVS MARIA. Louys respondit, qu'aussi ne feroit il. Ce petit garçon, leur disoit Magdelaine, est fils d'vn mien frere germain, mon aisné, & Iean & moy l'auõs adopté pour nostre. Or croyez que ce m'est vn grand contentement de luy acquerir par ce moyen la couronne du Martyre, heritage du Ciel incomparable. Elle l'auoit auparauant si bien esleué & instruict en la pieté, & cõme il se deuoit cõporter en ce laborieux cõflit, que mesme en dormant & songeant il faisoit tousiours quelque acte & demõstration de sa foy. Car au plus fort de la persecution Iean & Magdeleine estans en vne chambre la plus retiree de leur maison, & discourans aupres du feu de diuerses choses spirituelles auec deux personnages fort hõnorables, *Onda Fericochu*, & *Fucudo Xongoro*, qui d'ordinaire cõuersoient auec eux, le petit Louys dormant en la mesme chambre, resueillé comme en sursaut se ressouuint des bons enseignemés de sa mere, s'escriãt, *Madame ma mere, Madame ma mere*, ie ne veux en aucune façon que le Focche-che soit mis sur ma teste. Qu'est-ce que tu tu dis, mon enfant, reſpond Magdeleine, tay toy, tay toy, nous ne te le ferons point mettre: l'enfant replique au pere, & à la mere, qu'eux meſmes ne permiſſent,pas qu'aucun les miſt ſur les leurs. Adonc Magdelaine le fiſt porter en vne autre chambre, & mettre ſur le lict, pour repoſer, où l'enfant ſe reſueilla maintesfois,& redit haut & clair, qu'il ne vouloit en quelque maniere que ce fut receuoir ce liure deteſtable ſur ſa teſte,ce qu'il repeta ſouuent auec grand eſtonnement & admiration de ceux, qui l'entendoient.

En dormant monſtra ſa bonne edification.

Tandis que ces vertueuſes Dames s'entretenoyent en ces ſaincts & diuins diſcours,le Ciel s'obſcurcit entieremēt des plus eſpoiſſes tenebres de la nuict, que le Gouuerneur à deſſain, & tout expres auoit faict attendre pour faire ceſte execution,à ce qu'il n'y euſt ſi grād affluence,& concours de gens,en quoy à ſon aduis il fauoriſoit beaucoup les condamnez. Les miniſtres de la iuſtice virent qu'il eſtoit temps d'aller, & firēt entendre aux Dames, qu'elles s'appreſtaſſent pour ſortir. Elles incontinent auec le petit Louys, en preſences des

Execution faicte de nuict.

Qui male agit odit lucem. Mat. 3. 20.

Iſſiaques, & de quelques autres tant Chreſtiens que Gentils, mirent les genoüils en terre deuant vne Image, qui eſtoit là attachée & faiſant le ſigne de la ſaincte croix ſur elles, dirent à haute vois le *Conſiteor*, le *Salue Regina*, & le *Credo*. Apres quoy Ieanne fit vn colloque ſi deuot, & affectueux à noſtre Seigneur, que l'eſprit & l'ardeur de ceſte Dame cauſa vn merueilleux eſtonnement à tous les Aſſiſtans: elle demãda premierement pardon à Dieu de toutes ſes faultes, & dict, que ſi quelqu'vn auoit compaſſion d'elle, la voyãt mourir d'vn tel ſupplice, qu'il entendit qu'elle receuoit ce genre de mort pour vn preſent ſingulier, & don tres riche du Ciel, & que infiniement elle en eſtoit aiſe, & contente, & pourſuiuant de parler à Dieu ie ne ſçay, dit elle, ce que vous, ô Seigneur, auez veu en moy, pour vous daigner me faire vne telle grace; quant à moy ie n'y vois rien, que pauureté, ie ne voy point comment dignement ie vous en remercieray: ie vous ay offert auiourd'huy meſme mon prope fils Simon en ſacrifice, & par voſtre bonté, & miſericorde vous l'auez accepté, maintenant

Colloque merueilleux de Ieanne auec Dieu.

Humilité rare auec l'oblation de ſoy meſme.

tenant ie vous offre moy mesme de la mesme façon, & de tout mon cœur hũblemẽt ie vous supplie, que ceste miẽne offrãde tant du corps, que de l'ame vous soit agreable, ne la reiettant point de deuant vostre face, quoy que ie sois vne miserable pecheresse. Ie vous prie aussi, Seigneur, de donner le temps de faire penitẽce à ceux qui sont en peché mortel, afin qu'ils soient receus en vostre grace, & que vous disposiez les Gentils qui ne vous cognoissent point, attendrissant leurs cœurs pour receuoir la saincte Loy de vostre Euangile, & se fassent Chrestiens cõme nous. Ie vous recõmande encor en particulier tant que ie puis, le Roy Canziuge, duquel ie n'ay occasion de me plaindre, voire plustost de le remercier de ceste faueur singuliere, qu'il me fait maintenant, dont en recõpense ie luy desire, & à sa posterité, qu'il florisse tousiours, & gouuerne ce Royaume en paix & en repos, embrassant la foy Chrestienne auec tous les siens. N'oubliez aussi point, Seigneur, ie vous en supplie, ceux qui durãt l'orage de la persecution, vous ont tourné le dos, se departans de vostre Eglise,

Charité grãde vers le prochain.

Prie pour ses ennemis.

 don-

donnez leur, ô Seigneur, la grace de se remettre au bon chemin de salut, & à ceste intention nous dirons icy tous ensemble le *Miserere mei Deus*, qu'elle cõmença, & tous les autres qui estoient là presens, en tiltre & qualité des Chrestiens, la suiuirent, & dirent apres trois fois le *Pater noster*, & l'*Aue Maria*.

Or pource qu'elle s'entretint assez long temps en ses colloques pleins de zele, & que l'heure s'en alloit ia tarde, les Ministres de Iustice luy firent entendre qu'elle se despeschast, faisans instance pour la faire sortir. Mais Ieanne auec les autres Dames leur manda dire, que de grace, ils eussent encor vn peu de patience; & que l'attente ne leur fut point ennuyeuse, pour autant que c'estoit vn appareil pour mourir, lequel ne pouuoit estre assez grãd; que si tel delay, quoy que court, estoit fascheux aux Ministres, il estoit neantmoins de douce consolation, & reconfort, aux condamnées. Ceste responce ainsi faite, elle commença fort posément, & deuotement à dire les Litanies, les autres luy respondans. Apres reciterent trois fois l'oraison dominicale, & autãt la salutation

Appareil d'oraison pour bien mourir.

tion Angelique Cela finy Ieanne se leua promptement, & dict fort ioyeuse; sortons, sortons à la garde de Dieu, ce qu'elles firent auec tel contentement, & plaisir, que les rayõs & flammes accompaignees de iubilation, & allumees par le S. Esprit dans leurs poictrines, reluysoyent en leur face comme dans vn christal, & sembloient estre au dire des tesmoings, qui l'ont veu, autant d'Anges du Ciel, & n'eust on oncques iugé, qu'elles allassent aux supplices, & aux gibets infames de ce monde: mais bien aux nopces, & feste de la cour de Paradis, comme de faict elles y alloient. Là dessus Agnes dict à Ioachim: vous sçauez que Simon voulut mourir deuant l'Image de *l'Ecce homo*, prenez la ie vous prie, affin que nous fassions le mesme. Ioachim ne manqua point, & Michel print vn petit vase d'Eau beniste.

Courage plus que malle.

Ie ne sçay quoy de diuin reluit en leur face.

Alors on apporta trois Norimõs, qui sont certaines chaires, ou petites lictieres portees par deux hõmes sur les espaules, dans lesquels en ces quartiers du Iapon les plus honorables personnes principalement les Dames & Damoiselles, ont coustume de se faire por-

Trois Norimons lictieres portatiues

ter par la ville. Et cóme ces trois Femmes estoient fort nobles, & le Gouuerneur leur grand amy, quoy que payen, voulut vser de ceste courtoisie en leur endroit. Chacune donc entra dans son Norimond, & le petit Louys dans celuy de Magdelaine, laquelle deuant qu'entrer appella Iean à part, luy disant à l'oreille, Ie sçay bien que plusieurs Chrestiens qui ces iours passez mirent le Foccheche sur leur teste, ne renierẽt point la Foy en leur ame, mais seulement par humaine fragilité cõmirent ce crime scandaleux d'inconstance, & ie ne doute pas que vous voyãt icy maintenant ils ne rougissent de honte. Ie vous prie donc pour l'amour de celuy qui nous a tous creés, & racheptez de ne les point abandonner, ny faire semblant de ne les point voir quãd ils vous rencõtreront par les rues; ains ie desire que vous leur parliez doucement, que vous leur donniez courage, affin que comme ils ont manqué en la Foy, ils ne se desesperent d'en obtenir pardon, par ce que ie me fie tant en la misericorde, & bonté de Dieu, que le temps viendra bien tost, que toutes ces pauures brebis esgarees

Charité de Magdelaine vers les Reniez.

eſgarees recognoiſſants leurs fautes, ſe rendront à la bergerie de leur diuin Paſteur, qui les cherche par le deſert de ce pays ſauuage, pour les charger ſur ſes eſpaules charitables, & les mettre au parc d'aſſeurance contre les Loups enragez d'enfer.

Ouis errãs. Mat. 18. 12.

Magdelaine ayant finy ces propos, entra en ſon Norimon, & les Gardes cõmencerent à marcher: Iean accompaignoit Agnes: Ioachim Ieanne: & Michel, Magdelaine, coſtoyans de pres les Norimõs. Le peuple qui accourut, pour voir telle executiõ, & pour tenir compagnie aux condamnées, eſtoit infini. Depuis la maiſon de Simon, d'où la Iuſtice partit iuſques au lieu du ſupplice, aſſez diſtant, Magdelaine, ne fit iamais que repeter alternatiuement auec ſon petit Louys, *Ieſus Maria, Ieſus Maria.* Arriué qu'on fut au quartier le plus habité de la ville entre ladicte maiſon & la place, où eſtoient les croix, lors qu'on entroit en vne ruë plus frequentée & peuplée de monde, Iean dict à Agnes: Souuenez vous maintenant, Madame, que noſtre Redempteur *Ieſus*, au temps de ſa tres-ſacrée Paſſion fut trainaſſé

Toutes trois ſont conduites au ſupplice.

Magdelaine & Louys diſent alternatiuement Ieſus Maria

par les ruës de Ierusalem,& entretenez vous en la meditation de ce passage. A quoy elle respondit, à la bonne heure m'en faites vous souuenir: mais puisque nostre Sauueur allant au mont de Caluaire pour y mourir, marchoit à pieds nuds, il n'est pas seant, que moy pauure creature, sois portée dans vn Norimon à mon aise: dont elle fit tres-grande instance pour descendre à terre, & aller à pieds deschaus: mais Iean la retint, disant que ce luy estoit tout-vn, mesme que les Gardes ne le permettroient pas, dequoy elle monstra estre contente, & passant deuant les maisons des Chrestiens, tous sortoient sans se soucier des Gardes, ny des Ministres de la Iustice, s'approchans des Norimons, quoy qu'on les chargeast de bastonnades, requerãt à haute voix qu'elles se souuinssent de prier Dieu pour eux, ce qu'elles promettoyent de faire s'ils vouloient perseuerer au seruice de nostre Seigneur; & demandoient à chacun d'eux le nom Chrestien qu'ils auoyent reçeu au Baptesme.

Agnes veut aller à pied nud imiter nostre Seigneur.

Ferueur des Chrestiens.

Finalement elles arriuerent à la place, où elles deuoyent estre crucifiees, & les Nori-

Norimons posez en terre, Michel assistant Magdeleine, luy dict: Voicy, Madame, l'heure proche de vostre mort, s'il vous reste encor quelque chose de deuotion, ie vous prie me la donner, affin que ie me souuiēne de vous, elle respondit n'auoir rien qu'vn grain benit de la Reyne de Boeme, qu'elle tenoit dans sa bouche, pour mourir auec luy; Michel l'en loüa grādement, & l'admonesta de dire à l'article de la mort, Iesus Maria: Ioachim & Ieā prindrēt aussi en main les Images, l'vne de *l'Ecce Homo*, & l'autre du Crucifix, & les torches allumées, les porterent à toutes trois, affin de les leur faire reueremment honorer. Agnes iettāt les yeux auec toute humilité, & submission sur ces deuotes Images, s'adressant à Ioachim, luy parla en ceste sorte. Quand mon Seigneur Iesus Christ fust crucifié, il porta sur ses espaules sa pesante Croix & chargé d'icelle pieds nuds & harrassé mōta sur le mont de Caluaire; & moy pauurete, ay esté iusques icy portée doucement sur les espaules d'autruy, n'a ce pas esté vne caresse particuliere de l'amoureuse misericorde de Dieu? Pour ce seul benefi-

Gr. be d'. ni

Images honorees.

Io. 19. 17. baiulās.

ce ne seroit il pas plus que raisonnable, que ie consacrasse mon corps, & mon ame à toute sorte de tourmens!

Ieanne fut la premiere crucifiee.

Or la premiere qu'on mit en croix fut Ieanne, à laquelle les Algozins cõmanderent de s'estendre sur la Croix, elle respondit gratieusement que iusques alors elle n'auoit appris de faire ce mestier, adioustant : Ie sçay bien que mon Sauueur est mort en croix, & qu'il me faict vne speciale grace d'y mourir comme luy: & priant les Algozins de s'arrester vn peu, elle se signa; & dit son *Confiteor*, trois *Pater noster*, & trois *Aue Maria*. Puis les Algosins l'estendirent sur la croix, ausquels elle dit, quãd mon Seigneur Iesus-Christ fut mis en croix, il patit de tres-acerbes douleurs, & par ce que ie desire ardemment de l'imiter, ie vous prie d'vser en mon endroict de toute sorte de rigueur, & de me garotter, & estreindre bras, & jãbes auec les cordes si fort, & si roidement, que vous pourrez: & pource qu'on luy serroit trop rigoureusement le col, ie desirerois, dit elle, qu'on me laissat le col vn peu libre affin que ie puisse plus commodement faire mes oraisons. Lors

Elle prie qu'on la face bien endurer.

Ioachim s'apperceuant qu'elle eſtoit alterée du trauail, luy donna à boire d'vn peu d'eau beniſte.

Boit de l'eau benite.

Ainſi elle fuſt eſleuee en la Croix, voiant vne ſi grande multitude de gens qui eſtoit accouruë à ce ſpectacle, la Lune luyſante encore, commença à les arraiſonner ainſi: Voyez-vous là ceſte lune & ces eſtoilles reſplendiſſantes? ſçachez qu'elles demeureront bien bas ſous les plantes de nos pieds, & qu'il ny a Loy aucune par le moyen de laquelle l'homme ſe puiſſe ſauuer, qu'en celle des Chreſtiens, toutes les autres n'eſtās que tenebres obſcures: pour cela ie ſouhaitte ſur tout, & le vous demande inſtamment, que vous autres Gētils vous faſſiez Chreſtiens, laiſſant voſtre Paganiſme, & lors vous entendrez que ce que ie dis eſt veritable. Quant à vous autres Chreſtiens inconſtans, ie vous prie de vous r'aduiſer & repentir de voſtre faute: & vo⁹ autres qui par la grace de Dieu eſtes fermes en la foy, ie vous ſupplie de vous renforcer touſiours de plus en plus en icelle, en iettans de profōdes racines, afin que perſeueriez immobiles iuſques à la fin. De ceſte façon

Elle preſche en croix comme vn autre S. André

la

la saincte Dame leur preschant à haute voix, le coup de lãce luy fut dõné, & par ce que l'Algozin ne l'assenna pas bien; Ieãne dit, le fer n'est pas bien affilé, *Iesus Maria, Iesus Maria*, le fer n'est pas bien affilé: l'Algozin redoubla son coup, & luy donna si viuemẽt soubs le costé gauche, que la pointe de la lance sortit au dessus de l'espaule droite, dont inuocãt Iesus & la Vierge sa mere, rẽdit heureusemẽt l'esprit entre les mains de Dieu. En second lieu on crucifia Magdelaine, laquelle requit les Algozins d'attendre vn petit, cependant qu'elle se recommanderoit à nostre Seigneur, & s'estant armee du Signe de la Saincte Croix, dit son *Confiteor*, & trois fois *Pater & Aue*: & parce qu'en la liant sur la croix, les Ministres de Iustice vserent d'vn extraordinaire rudesse, & cruauté, elle en rendit nouuelles graces, comme pour vn nouueau benefice reçeu. Michel, qui l'asistoit la pria de luy faire part des merites de sa patience, & de se souuenir de luy en Paradis, ce qu'elle luy promit de bien bon cœur.

Au coup de lance inuoque Iesus & Marie.

Magdelaine remercie Dieu qu'on la traicte rudemẽt.

Louys ne s'effraye point de la mort.

Le petit Louys s'approcha quant & quant de sa croix, & pendant qu'on le vou-

vouloit lier, vn de la troupe luy dit: Et bien mon fils, n'auez vous pas peur, voyant la mort si proche? Il respondit paisiblement qu'il n'en auoit aucune apprehension, tant s'en faut qu'il en eut la moindre crainte. Mais pour ce qu'on l'estreignoit trop fort, & l'enfant pour sa tendresse sentoit vne douleur extreme, pria les Ministres de luy vouloir vn peu lascher les cordes: l'Algozin fut tellement touché de la voix du petit Innocent qu'esmeu de grande compassion ne se peut tenir de pleurer, cõmandant soudain à ses seruiteurs de faire ce que Louys demandoit. La Mere, & le Fils estans ainsi attachez, les croix furent dressees, & le petit enfant regardoit tousiours sa mere, laquelle implorant les Noms tres-sacrez de *Iesus, Maria*, le petit Louys luy respondoit, *Iesus, Maria*, faisans vn Echo tres-deuot, & salutaire. Louys fut le premier touché de la lãce sans en estre offencé, par ce que le fer glissa ie ne sçay comment, ce que Michel ayant veu, & craignant qu'il ne perdist courage, s'approchant l'exhorta de reclamer tousiours les SS. noms de Iesus & de Marie. On le frappa

Deux Echo de Iesus, Maria

pa derechef, luy sans demonſtrer aucun ſigne de douleur, pourſuiuit courageuſement à dire, *Ieſus Maria,* iuſques à tant qu'il rendit ſon ame pure, & innocente entre ſes bras de ſon Createur. Tous furent fort eſbahis de l'aſſeurãce de cet enfant, que les tourmẽs, ny l'horreur de la mort eſpouuãtable ne peurẽt iamais effrayer, ny faire ietter vn ſouſpir, ny vne larme. Auec le meſme fer tout chaud & vermeil du ſang de ce petit Louys, on ferut ſous la mammelle droicte ſa bonne Mere Magdelaine, laquelle n'auoit en bouche que *Ieſus Maria,* dolente ſeulement, que ſon voile de teſte luy tomboit ſur les yeux, l'empeſchãt de regarder le Ciel où ſon Ame deuoit eſtre à l'heure meſme reçeüe, cõme auoit eſté vn peu auparauant celle du bien-heureux Iean, ſon mary.

Magdelaine frappee du meſme fer que ſon fils.

Agnes fut crucifiée la derniere, laquelle ſortie du Norimon s'aſſit ſur la Croix, & s'eſtant ſignee, comme les autres, puis ayant dict trois *Pater noſter,* & trois *Aue Maria*, elle fit encor vn peu d'oraiſon mentale, remerciant à haute voix noſtre Seigneur de ce qu'elle deuoit mourir ſur ce bois, qu'il auoit benit,

Agnes prie deuãt qu'eſtre miſe en croix.

nit,& ſacré par ſa mort tresdouloureuſe. Apres elle fit ſigne aux Miniſtres de faire leur office. Mais la merueille des choſes veües aux autres Dames, ja mortes & l'estonnement de la deuotion, & courage qu'on voioit en ceſte-cy, les auoit tellemẽt ſurpris, qu'il ny auoit perſonne, qui la voulut attacher. Dequoy s'eſtant apperçeüe, elle meſme s'eſtẽdit, & accommoda ſes bras ſur la Croix: Ce nonobſtant il n'y eut aucun Officier de Iuſtice, qui s'oſaſt approcher d'elle. Ils ſembloient eſtre cõme hors d'eux meſmes, & tous eſperdus, ſoit de la ferueur admirable de ceſte dame, ſoit de la reuerence, que Dieu leur fit conceuoir à la gloire de ceſte ſienne ſeruante ſi deſireuſe de mourir pour luy. Les Algozins donc ne la venans point attacher, & la choſe tirant à la longue quelques Gentils, qui n'auoient aucune charge de cela s'approcherent, la garroterẽt, & l'eſleuerẽt en la croix, où plusieurs enſemble commencerent à luy donner force coups de lance, deſquels pas vn ne rencontrant le cœur pour la faire toſt mourir, les redoublerent, multiplians les playes & les douleurs auſſi : mais elle

Les Bourreaux eſpouuãtez ne l'oſent approcher.

Elle ſouffre plus de coups auec inſigne patiẽce.

elle aguise d'vne statuë, priuee de tout sentiment, ne ietta iamais vn seul petit souspir, ains aiant les yeux fichez au ciel repetoit seulement, *Iesus Maria.*

Le fruict de ce Martire.

En ceste façon ces benistes Ames passerent de ceste mortalité à la vie eternelle, nous laissans vn vif exemple de generosité, parmy les angoisses & trauaux de ce mõde, & vne vraye esperance, que leur sacré sang espandu, dedans peu de tẽps produira vne fecõde moisson de Fidelles en ce Royaume de Fingo, à la plus grãde gloire de IesusChrist, & croyons fermement, que cecy allumera tel embrasement és poictrines des Chrestiẽs que mesprisans tout danger de mort, ils publieront & d'œuure & de parole la loy de leur Createur, a menãs soubs le doux ioug d'iceluy vne bonne partie de ceste gentilité Iaponoise. Tellemẽt que tout ce que les ennemis iurez de Iesus-Christ, ont tramé, pour destruire & aneantir ceste Chrestienté, & pour effacer des cœurs de ces fidelles le tressacré Nõ de Iesus, redondera à son plus grand honneur & seruice, cõme à la destruction de l'Idolatrie & confusion du Diable d'enfer. Ce fut le

Sanguis Martyrũ semẽ est Christianorũ. Tert. in Apol. c. 45. & in fine lib. ad Scapulã.

Aduenu le 9 Decembre 1604.

le neufiesme de Decembre 1604. que les bien-heureuses ames prindrẽt possession de Paradis. Les corps demeurans en Croix aupres desquels estoit la sentence escrite de leur Condemnation comme a esté dict cy deuant.

Ceux qui assisterẽt presens à ce funeste spectacle (digne vrayement non de telles tenebres, ny d'vn tel lieu, ains du Theatre de tous les hõmes, & de toute la lumiere du monde) furent sans nombre, tant Chrestiens, que Gentils, tous lesquels ne sçauoyent que loüer hautement la constance d'icelles, mesmemẽt celle du petit enfant Louys, & ceste force, disoient-ils, est par dessus les forces humaines, confessans tous ouuertemẽt que c'estoit ores qu'on voyoit clairement qu'en la seule Foy Chrestienne consistoit le vray salut des hommes.

Les payens admirẽt ces martirs, & louent la Loy Chrestienne

Les Chrestiens embrasez de nouuelle ferueur (bien que la persecution durast encor) ne desisterent de monstrer leur singuliere deuotion enuers ces sainctes personnes, soit en les accõpaignans iusques à la mort, soit tandis qu'elles pendoient en croix toutes naurées, s'en approchant pour recueillir le precieux sang,

ſang, qui decouloit largement de leurs playes, auec linges, papiers, & toute autre choſe, qui leur venoit en main. Et ne trouuans rien plus auec les propres veſtemẽs, qu'ils portoient. Il y en auoit tout plein qui embraſſoiẽt & baiſoient deuotement les gibets, & tailloyent les frãges, & les bords des robes de ces SS. Martyrs, debattant à l'enuy, à qui auroit de leurs precieuſes Reliques, pour les conſeruer religieuſement. La deuotion des Chreſtiens ne ſe termina pas icy, car elle creut encor d'auantage, pourautant qu'on alla plusieurs fois faire oraiſon aux pieds de ces quatre Croix, pendant que les corps y eſtoyent attachez, & la nuict meſme du treſpas le ſang tombé en terre, ne ſe pouuãt diſcerner, à cauſe de l'obſcurité du temps, à l'aube du iour tous les Chreſtiens y accoururent pour prendre de la terre abreuuée du ſang, laquelle eſtoit autour des croix, & la recueillirent auec telle diligence que feroit vn Auaricieux, treuuant vn grand treſor; eſtimans chaque goutte de ſang, vne perle precieuſe, & telle terre beaucoup plus riche que toute autre lée des grains de fin or, comme l'areine du Pa-

Zele des Chreſtiens à leur Reliques.

Pactole. Ceste deuotion des Chrestiens edifia merueilleusement les Gentils, voire mesme les plus durs Officiers de la Iustice la loüerent hautement & les exhorterent à continuer, tenans que c'estoit chose esmerueillable de voir vne si grande pieté enuers les Trespassez, & plusieurs mesme desiroient, que on fit le semblable en leur Secte Payenne.

Les Gētils appreuuēt la piete des Chrestiens.

Les trois deuots personnages, Ioachim, Michel, & Iean, dōnerent ordre, que les faces, de ces quatre defunts fussent honnestement couuertes, & leur corps bien decemment composez, puis s'en allerent droict à la maison de feu Simon, pour donner sepulture à son corps, mais les soldats qui le gardoyent ne le voulurent permettre, toutesfois bien tost apres Cacuzaimō le fit enterrer sans autre ceremonie, ne voulāt, que ces trois là, ny autres Chrestiēs assistassent au Conuoy, pour euiter le grand concours des Chrestiens qui sans faute y fussēt venus de toutes parts: ce Corps est maintenant en Nangasachi, en l'Eglise de tous les Saincts, au Nouitiat de la Compagnie de Iesus.

Diligence pieuse des Asiatiques vers les Trespassez.

Le corps de Simon a Nangasachi.

Il estoit

L'aage & la Patrie d'vn chacũ. Il eſtoit aagé de trente cinq ans, natif du Royaume de Giamoiſcire, & de la Cité de Meaco : Ieanne en auoit cinquante cinq, & Agnes trente, toutes deux du Royaume d'Iſce : Iean trente cinq, de Deianate : Magdelaine trente de Teunocumi, Louys de ſept à huict, Royaume de Iamaſcire.

Ils eſcriuẽt à diuers le leur delibe-ratiõ. Ces bien-heureux Martyrs durant la perſecution, & proches de leur mort, eſcriuirent à Monſieur l'Eueſque de Nangaſachi, & aux Peres de la Compagnie, & à quelques autres perſonnes, de Lettres dignes vrayement d'eternelle memoire, leſquelles pour euiter prolixité on ne couchera point icy. L'argument principal d'icelles eſt vn teſmoignage aſſeuré de leur conſtance, & de leur droicte intention de ſouffrir ſimplement pour l'honneur de Dieu, & pour la ſeule exaltation de la ſainte Foy Chreſtienne.

Clarté miraculeuſe veüe en la mort. Vingt ou trente Soldats, qui faiſoyent Corps de garde aux portes de la maiſon de Simon la nuict qu'il fut decapité en Iateuſcire, dirét (& tel en courut le bruit par toute la ville) auoir veu ſur la meſme maiſon vne merueilleuſe ſplen-

ſplendeur venue du Ciel, declarans par le menu toutes les circonſtãces & particularitez d'vne telle viſion. On raconte auſſi, que quelques autres perſonnes dignes de foy la meſme nuict, que les quatre furẽt crucifiez, au poinct qu'ils rendoient l'ame à Dieu virent vne clarté treſluisãte ſur les croix. Mais cõme l'on n'a peu iuſques à preſent faire les Informations & enqueſtes ſuffiſantes de ces deux miraculeuſes lumieres apparues, l'on ne peut auſſi en eſcrire pour maintenant auec plus grande certitude. Il eſt bien à preſumer que Dieu nous a voulu declarer par tels miracles, que la mort de ces bien heureux Martyrs luy a eſté tres agreable & vne particuliere faueur de ceſte ſienne Egliſe. Car cõme les SS. nous ont enſeigné, & l'experience le nous monſtre, le ſang des Martyrs eſt la douce pluye, qui arroſe & engreſſe fecondemẽt le champ ſemé de noſtre Seigneur, luy faiſant porter en abondance le fruict du ſalut des ames, principalement quand on y adiouſte les prieres des Fideles tant de l'Europe, que de tout le reſte de la Chreſtienté en terre, aux interceſſions

Preſage heureux de ces ſplendeurs.

Le sang des Martyrs cauſe de la fecondité de l'Egliſe

de ces tant fauoris Aduocats du Ciel. C'est ainsi que nous esperons du merite de ces bien heureux Martyrs: C'est ainsi que nous le nous promettons de la charité des fideles Chrestiés. C'est ainsi que l'attendons de la bõté de Dieu nostre Seigneur, auquel cõme à l'Autheur de tout bien soit rendue toute gloire, & toute louange eternellement; Pour ce prie-ie de la plus grande affectiõ que ie puis, tous ceux qui liront ceste Histoire d'auoir particuliere souuenance en leurs oraisons de ceste Eglise Iaponoise, & d'autant plus qu'elle est esloignee du reste de la Chrestienté, & logee au milieu de ce Paganisme, cõme dans vn Occean de trauerses, & calamitez; d'autant aussi veux-ie esperer qu'elle sera plus voisine par amour, & charité pour luy cõpatir d'vne vraye affection, & pour la secourir par feruentes prieres, la recõmandant à nostre Seigneur.

Prieres des viuans iointes à celles des SS.

De Nangasachi le 25. de Ianuier. 1605.

Adiousté

Adiouſté à l'Hiſtoire precedente par le meſme Autheur.

APres auoir eſcrit le Narré de l'hiſtoire cy deſſus miſe, Iccaua Giſioie Gentil, qui trācha la teſte au martyr Simon, & crucifia les quatre autres, vint de Iateuſcire à Nangaſachi pour demander le ſainct Baptesme. C'eſt vn ieune homme noble de race, doux en ſa conuerſatiō, de belle humeur, gratieux & enclin à tout bien. Or comme il ſe deporta fort courtoiſement à l'endroit des ces cinq Martyrs, leur donnant loiſir de s'appreſter à la mort comme ils voulurent, & vſant enuers eux de toute humanité & courtoiſie, ainſi nous ſemble-il que ces ſaincts Martyrs en recōpenſe d'vne ſi bonne œuure, luy ayent impetré du Pere de l'vniuers, le rayon celeſte pour cognoiſtre la verité de noſtre ſaincte Foy) & la volonté de l'embraſſer en vn temps auquel elle eſt tant perſecutee en ces contrees du Iapon. Le principal motif qu'il eut en ſon interieur pour ſe reſoudre à cecy fut (ſelon qu'auons ouy de ſa propre bouche) d'auoir veu la conſtance & incomparable

Conuerſiō du Gētil hōme, qui mit à mort ces Martyrs. Son principal Motif, la conſtance d'iceux.

Simon tres-magnanime.

ioye auec laquelle tous ces saints moururent pour la Foy, & sur tout la vertu heroïque & magnanimité nompareille de Simon, duquel outre ce qu'en auons dict cy dessus en son histoire, il a raconté plusieurs choses en particulier, que nous n'auons aucunement touchees, lesquelles passerent entre ledit Simon, Cacuzaimon, & luy mesme, ayant esté present par tout. Ie ne les diray icy toutes cõme il les a referees, mais vne tant seulement, de laquelle il s'estonna plus, que d'aucune autre, & en fut beaucoup plus esmeu interieurement.

Amour incroyable de Cacuzaimon enuers Simõ.

Apres donc que Cacuzaimõ par tous les moyens qu'il se peut imaginer, eut essayé de persuader Simon, qu'il obeit à Canziuge pour suiure la secte du Focchescius, & qu'il en fit seulemẽt en l'exterieur semblant par quelque petit signe, voyant que tout cela ne profitoit rien, il se resolut d'aller treuuer Simon en son propre logis, de belle nuict, accompagné de ce ieune homme, duquel il se fioit beaucoup, & l'ayant assailly de tous costez, & le voyant inuincible, en fin luy dit, que pour le moins il voulust sortir hors du Royaume de Fingo pour sauuer

Le prie de sortir du Royaume luy en presentãt les moyẽs.

sauuer sa vie. Et puis que la fuitte deuoit estre secrette, & qu'à cause des espions & gardes que Canziuge auoit mis en grand nombre par toutes les frõtieres, Simon ne pouuoit auec soy conduire sa femme, sa mere, & sa famille, il luy donna parole qu'il prenoit sur soy la charge de le mettre en seureté, & le rendre où il se voudroit arrester, & que de cecy il ne se dõnast point de peine. Et sçachant bien que Simon comme liberal & magnifique, n'auoit point d'argẽt en main, ayant despẽdu le sien à secourir autruy, & qu'il ne pouuoit partir auec sõ train sans quelque bonne somme de deniers, il luy offrit deux cens escus qu'il luy portoit tous contens, afin qu'en ces occurrentes necessitez il s'en peut seruir.

Remerciemẽt de Simon.

Simon respondit fort courtoisement à ceste offre si gratieuse du Gouuerneur luy rendant en premier lieu graces immortelles de l'amour inestimable qu'il luy auoit tousiours monstré, & mesme en l'occasion presente, & en toute autre du temps passé. Puis il luy dit estre resolu de ne point mettre le pied hors de Iateuscire, cõbien qu'il peust en sortant non seulement cõseruer sa vie, ains en-

Fugite in aliam Mat. 22.30. vœu de ne

fuyr pour euader la mort.

cor se faire seigneur souuerain de tout le Royaume de Fingo, parce que iaçoit que le fuïr en telle occasió ne fut point peché, ny contre la loy de Iesus-Christ, ains conforme à icelle, toutesfois qu'il estoit contre sa resolution ia faicte, & la promesse voüee à Dieu de ne bouger de Iateuscire toutes & quantes fois qu'il seroit persecuté pour la cause de la religion: & qu'en tel cas il ne procureroit iamais de sauuer sa vie. Que s'il plaist au Roy, dit il, de me permettre de viue en ce lieu Chrestiennement, ie le seruiray de bon cœur, comme i'ay faict iusques auiourd'huy: mais si d'auenture il me le refuse, commandant qu'on me face mourir, ie me resiouyray grandement d'édurer vne cruelle mort pour la saincte Loy de laquelle ie fais profession, & pour la gloire du Seigneur que i'adore.

Cacuzaimon derechef par nouuelles instances & raisons fit vne nouuelle recharge pour presser & contraindre Simon: luy remonstrant qu'vn homme qui faict estat d'auoir en recommandation l'honneur & la vraye amitié, doit mespriser la vie presente & future, & le salut mesme de l'ame pour son amy: & quant

quant à moy, disoit-il, qui vous suis entierement vray amy, ie suis tout prest à perdre l'vne & l'autre pour l'amour de vous, & ne m'est encor tōbé en la pensee iusques à l'heure presente, de douter que vous ne fissiez volontiers le mesme pour moy. Maintenant voyant le contraire, ie suis mal content & satisfait de vostre amour en mon endroit. C'est icy que Simon à dessein faisoit semblant de ne vouloir produire les vrayes causes pour lesquelles il desiroit d'vne si grande ardeur le Martyre, iugeant peut estre que Cacuzaimon cōme Gentil, n'estoit point capable de comprēdre la hauteur de ceste philosophie Chrestiēne, & parce en apporta il vne qui sembla propre pour conuaincre ledict Cacuzaimon, personne assez graue, qui faisoit profession d'honneur & de fidelité par-dessus tout autre à l'ēdroit de son Prince. Vous auez raison, monsieur, (dit dōc Simon) de dire & asseurer qu'vn vray & loyal amy doit pour autruy mespriser ceste vie humaine, & les tourmens aussi de l'autre, si cela se pouuoit faire sans mãquer à la foy que tout Chrestien professe, & doit au Souuerain Seigneur qu'il adore.

Simon est intime amy vsque ad Aras.

 Ie fe-

Ie ferois de tresbon cœur tout ce que me demandez, & souffrirois les peines eternelles pour l'amour de vous. Mais si ie ne vous puis complaire sans violer ma foy, ny obeyr à Canziuge sans commettre vn crime de leze Majesté diuine ie vous prie que pour ce regard vo⁹ me pardonniez, & preniez en bonne part mon excuse & ma resolution. Cacuzaimon à ceste respõse demeura pris & lié, cõme on dict, de pieds & de mains, sans pouuoir treuuer ne repartie ne moyen de sauuer la vie à son amy, & ne sçachãt plus que faire, se mit à pleurer fort ameremẽt sans plus dire mot, & par ses larmes il esmeut encor Simon à larmoyer chaudement, ne se pouuant le moins du monde contenir pour voir aux yeux de son fauory l'amour depeint qu'il luy portoit. Ils demeurerent ainsi vn long espace de temps pleurãs, & muets tout ensemble. Et sans luy dire, ny bon iour ny bonne nuict, Cacuzaimon se retira en sa maison auec Gifioie, accablé de tristesse, & à merueilles estonné de la constance de Simon, la perte euidente duquel l'affligeoit extremement. Or ceste fermeté de foy, loyauté d'amour, & mes-

Cacuzaimõ ne sçachant que respondre fond en larmes.

Constance de Simon cause

mespris de la vie pour Dieu nostre Seigneur, que Gifioie remarqua en Simon fut le principal motif (à ce qu'il asseuroit) pour finalement luy faire entēdre que la Loy des Chrestiens deuoit estre la vraye, tresbien fondee en solides raisons. Car si elle n'estoit point telle, Simon hōme de bon esprit, & tenu pour fort iudicieux, n'eust iamais si facilemēt desprisé la vie, & laissé d'accomplir la volonté de Cacuzaimon, qui luy monstroit vne affection inestimable. Gifioie dōc cōmença à ouyr les Leçons du Catechisme, & voulut tout bellement aprēdre les Principes de nostre Foy, proposant diuers doutes: Et affin qu'il ne semblast estrange de tant interroger & proposer, il pria que personne ne s'esmerueillast, s'il estoit si prolixe & ennuyeux à s'informer & enquerir des choses appartenātes à nostre Creance, veu qu'elle estoit telle que to⁹ ceux qui la receuoient, sont obligez deuant que la quiter, de plustost perdre la vie, come il auoit veu faire à Simon; & luy pareillement se resouloit de l'imiter à l'aduenir. Et pource luy sembloit il nō seulement cōuenable, mais necessaire, deuāt que

premiere de la cōuersion de Gifioie.

Estant catechisé il s'informe & pourquoy.

que de l'embrasser, en auoir vn plein contentement. Lequel apres qu'il eust receu, & ayant formé en son ame vne haute & sublime conception des sacrez Mysteres de nostre saincte Foy, il fut baptisé auec grand appareil, & celebre solemnité. Dont il partit puis fort content & ioyeux pour Iateuscire, où iusques à maintenant il a donné vn vif exemple, & signe de bon Chrestien: & nous fusmes consolez grandement de tout ce succez, & prismes la cõuersion de ce ieune hõme pour les primices de la moisson abondante, qui se recueilira d'oresnauant (moyennant la grace de Dieu) au Royaume de Fingo, arrosé du sang de ces Martyrs, & fauorisé du ciel, par l'aide de si bons Intercesseurs.

Baptesme solemnel de Gisioie.

Et d'autant que Gisioie auoit entendu qu'on desiroit les lances, & autres choses, dõt ces SS. auoyent esté martyrisez, il apporta quand & soy sa Scimeterre, auec laquelle luy mesme auoit tranché la teste à Simon (que par deuotion il auoit conseruee, comme vne saincte Relique) dont le mesme iour qu'il fut baptisé, allant visiter l'Euesque, & luy demander sa benediction, il luy en fit vn pre-

Presẽt faict à l'Euesque de l'espee.

preſent. Il procura ſemblablement d'auoir les corps des quatre crucifiez, ainſi que ja l'on auoit eu ceux des deux decapitez, dequoy l'on donna la charge aux trois Iſſiaques. Ce qu'ils effectuerent ſoigneuſement, nonobſtãt la vigilance des Gardes, que les habitans de la ville eſtoyent chargez de mettre autour de ces corps, par l'ordonnance de Canziuge. L'on fit donc à chacun ſa caiſſe, auec ſon propre eſcriteau deſſus, pour ne point meſler, & confondre les Corps ſaincts; leſquels ils apporterent à Nangaſachi: non ſans la grande conſolation & d'eux, & de nous. L'on n'a peu recouurer pour encor les deux Teſtes de Simon, & de Iean, à cauſe d'vne deffence que Cãzinge fit de ne les point bouger ſur peine d'vne griefue punition. Et aduerty, qu'il fut, que les Chreſtiens deſiroyent de les enleuer, il les fit remettre en vn lieu plus aſſeuré, menaçant les Officiers, qui en auoyent la charge, que ſi par leur faute, & nonchalance les Chreſtiens les prenoyent, il les en feroit chaſtier rigoureuſement.

Les Iſſiaques recouurẽt les corps ſaincts

Deffẽce du Tyran.

FIN.

Ap-

APPROBATION.

C'Este Histoire d'aucuns Martyrs Iaponois, assez verifiée par l'authorité tant des Venerables personnages qui l'ont escrit, que du R. P. *General de la Compagnie de* IESVS, *auquel elle est addressee, merite estre imprimee & publiee derechef à la plus grand' gloire de Dieu. A Arras le 4. Avril 1608.*

GVIL. GAZET Pasteur de S. M Magdelaine & Visiteur des Liures audit lieu.

Extraict du Priuilege.

LEurs Altezes Serenissimes ont permis à Guillaume de la Riuiere, Imprimeur Iuré en la Ville d'Arras, de pouuoir luy seul imprimer, vendre & distribuer certain liuret, intitulé *Histoire veritable de la Glorieuse mort que six nobles Chrestiens Iaponois ont constamment enduré*, Traduicte d'Italien en François, & est faict defenses à tous Imprimeurs, & Libraires, de vendre ou distribuer la susdicte Histoire, ny ailleurs imprimé apporter, vendre, ou distribuer esdicts Pays de pardeça durant le terme de trois ans, sans l'adueu ou consentement dudict Guillaume de la Riuiere, à peine de confiscation de tout ce qu'au contraire aura esté imprimé, comme plus est declaré par les lettres patentes donnees au conseil priué à Bruxelles le 14. Mars 1608. Signé

DE BERTI.

www.ingramcontent.com/pod-product-compliance
Ingram Content Group UK Ltd.
Pitfield, Milton Keynes, MK11 3LW, UK
UKHW020332180726
13839UKWH00002B/670

9 782329 586748